中青年经济学家文库

中国纸币制度变迁研究

孔繁晔 著

中国财经出版传媒集团

经济科学出版社

Economic Science Press

图书在版编目（CIP）数据

中国纸币制度变迁研究/孔繁晔著 . —北京：
经济科学出版社，2017.11
（中青年经济学家文库）
ISBN 978 - 7 - 5141 - 8754 - 0

Ⅰ.①中… Ⅱ.①孔… Ⅲ.①纸币 - 货币史 -
研究 - 中国 Ⅳ.①F822.9

中国版本图书馆 CIP 数据核字（2017）第 295893 号

责任编辑：李 雪
责任校对：王肖楠
责任印制：邱 天

中国纸币制度变迁研究

孔繁晔 著

经济科学出版社出版、发行 新华书店经销
社址：北京市海淀区阜成路甲 28 号 邮编：100142
总编部电话：010 - 88191217 发行部电话：010 - 88191522
网址：www. esp. com. cn
电子邮件：esp@ esp. com. cn
天猫网店：经济科学出版社旗舰店
网址：http：//jjkxcbs. tmall. com
固安华明印业有限公司印装
710 × 1000 16 开 12.5 印张 198000 字
2017 年 11 月第 1 版 2017 年 11 月第 1 次印刷
ISBN 978 - 7 - 5141 - 8754 - 0 定价：46.00 元

序

　　孔繁晔的博士论文《中国纸币制度变迁研究》出版在即，唯因其师山西财经大学的博士生导师孔祥毅教授驾鹤西归，我与孔老师相识三十余载，一直奉若学长。近年每逢春夏之交，相聚于其弟子的答辩会上，三位"70后"老友相见甚欢，依年序大小排，白钦先、孔祥毅与愚。而今其弟子来寻，我焉能推辞！

　　纸币是中国最早，在相当长的一段历史时期独步于世界货币体系璀璨夺目的一颗明星，它所放射出的奇光异彩至今常常为世人称道，诚为人类货币史上的一段佳话，以致引出不同的声音，甚至各自相异，乃至完全相反的解释。本书作者试图对它进行阐述，系统全面地、崭新地考察和总结；况且现今人民币国际化正步入稳固发展、着力推进的阶段，亟待理论支撑与可操作性的建设性意见。因之"疑今者察之古，不知来者视之往。万事之生也，异趣而同归，古今一也。"（《管子·形势》）。作者援引当今西方新制度经济学的范式，利用金融协调及博弈论方法，以证明在我国国情条件下，古今纸币制度的来龙去脉的阶段性、特殊性及其规律的东西。仅就此项工作的动意，及其转化为研讨行动，最后凝聚为学术论文而言，已是够大胆且够艰难的。这样一步步地走来实属不易，值得肯定、鼓励和褒扬，遑论其他。

　　在具体论述中，作者提出中国纸币制度遵循"古代国家信用货币制度——近代银行券制度——当代信用本位币制度"这一特殊的变迁路径，是不断追求金融协调的过程，是政府和其他社会组织博弈的结果，人民币的改革应该遵循这一变迁的路径依赖。这不仅为人民币的稳定性及其国际地位的稳健发展提供了理论支撑，还为身为中央银行的中国人民银行及其货币政策，对外金融关系提出具有理论意义与可操作性的建议性研究成果，对人民币国际化具有借鉴价值和理论意义。这一研究视角颇为新颖，方法很独特，研究结论富有新意，值得耐下性子读一读。

当然，中国特色社会主义货币金融理论在纸币方面的开花结果，绝非朝夕之功，一蹴而就的。本篇亦为作者学术研究阶段性成果中的预期作品，我们期待如其展望所预示的那样，一步步地做下去。我们相信只要持之以恒，坚忍不拔地做下去，更加成熟、更加深刻、更加完善的成果定会呈现给学界，奉献给社会。

我们期待着！

是为序。

2017 年 11 月于中央财大寓中

前　言

　　中国纸币制度变迁研究是一项兼具历史意义与现实意义的研究项目，中国纸币制度变迁与思想演进在金融学领域地位突出，不仅在世界上发生、发展的历史最长最久，而且涉及民间金融机构与政府的博弈，其货币制度和思想有深厚的历史积淀，需要进一步研究挖掘。纸币制度初期比较简单，后来越来越复杂，越来越健全，以致准备金发展成为国家储备，国家储备又与国际储备相联系。在国际贸易大发展的现代，人民币成为世界货币的路径与战略等，不能回避，需要进一步的探究。

　　当前，伴随着人民币国际化进程的加速，人民币的发行、流通和使用不能仅仅满足国内交易的需要，更要服务国与国之间的交易；人民币的角色也要逐渐从当前的国际结算货币转变为国际投资货币和国际储备货币，特别是人民币进入 SDR 篮子以后，许多理论与业务技术问题亟待研究解决。为了更好地实现人民币职能的转变，需要建立更加完善、更加灵活的人民币制度，并以此带动整个金融体系深层次的改革。对中国纸币制度变迁的研究，可以帮助我们深刻地理解人民币制度的来龙去脉，从而为人民币制度改革提供有益的启示。本书的中心观点是：中国纸币制度遵循"古代国家信用纸币制度——近代银行券制度——当代信用本位货币制度"这一特殊的变迁路径，是不断追求金融协调的过程，是政府和其他社会组织博弈的结果；这条路径存在路径依赖机制，关键在于政府信用对纸币价值稳定性的正向影响。人民币制度的改革要以追求制度内外协调为目标，用中央银行信用逐渐代替政府信用，使之成为维持人民币价值稳定的决定因素。

　　本书从史实分析和理论推导两个方面对中国纸币制度的变迁进行了讨

论。在对历史事实的分析过程中，本书运用阶段特征概括法，依据纸币制度性质的变化，将中国的纸币制度分为古代国家信用纸币制度、近代银行券制度和当代不兑现信用本位货币制度三个阶段。古代国家信用纸币制度是第一个阶段（北宋～明中期），期间经历了"产生（两宋）——发展（金朝）——全国化（元朝）——名存实亡（明中期）"四个步骤，这一时期的纸币制度呈现出"由封建国家垄断的、不足值准备软约束下的、以财政信用作为保证的、事实上不可兑现"的特点；近代银行券制度（明中期～1848年）是第二个阶段，期间经历了"产生（明中期～1848年）——发展（1848年～1948年）——中止（1948年～1949年）"三个步骤，这一时期的纸币制度呈现出"在政治金融家的主导下完成的，与政府以及官僚资本家有着千丝万缕联系，纸币发行的渠道和效果仍然和政府财政信用息息相关"的特点；当代不兑现信用本位货币制度是第三个阶段，新中国建立的、拥有独立货币主权的人民币制度是这一阶段的初级形态，到目前为止，其发展经历了"计划性特征的延续（1978～1992年）——从计划向市场过渡（1992～1994年）——市场化改革持续深化（1994年至今）"三步。综上所述，中国纸币制度遵循"不足值准备软约束下的古代国家信用纸币制度——政治金融家主导的近代银行券制度——具有中国特色的信用本位货币制度"这样一条具有我国特色的变迁路径，是与"封建商品经济——依附型的资本主义商业经济——社会主义计划/市场经济"相协调的。

基于此，本书进一步对中国纸币制度变迁路径形成的原因进行了理论推导，分别探讨了中国纸币制度变迁背后的金融协调机理和博弈均衡机制。金融协调理论认为，纸币制度的变迁是不断追求内部和外部金融协调的过程，纸币制度每一次的创新，都会带来交易效率的提高，但同时也会带来金融风险，产生金融不协调的现象，这种不协调会推动纸币制度持续不断的创新。内外协调共同推动古代国家信用纸币制度走向全盛；之后，古代国家信用纸币制度不能够很好地适应商业革命的需要，最终被废止。与之相比，近代银行券制度与商业革命相适应，具有内部的协调性，但是，由于近代银行券制度与货币制度的内部独立性和外部统一性不能协调，在不同层次不同时间多次尝试后终告失败。从定量的角度而言，金融协调与否，取决于政府和公众之间不断博弈的过程；在中国纸币制度系统形成的过程中，公众和政府既存在合作的成分，也存在利益的冲突。通过简单委托代理模型和双重委托代理模型的构建，分别揭示了古代国家信用纸币制度和近代银行券制度的结构；通过动态博弈树模型的分析，揭示了我国纸币制度系统功能的实现过程。

基于以上探讨，本书提出了中国纸币制度变迁的路径依赖机制，其核心在于政府信用对纸币价值稳定性的决定性影响，其中同时包含正锁定、负锁定双重效应的交替作用。古代纸币制度的历史周期率，近代财政赤字与物价波动之间的相关关系共同证明了路径依赖的存在，人民币制度也符合中国纸币制度变迁的路径依赖机制，在总结当前人民币制度存在的不协调性的基础上，本书进一步提出人民币制度改革的目标模式和政策建议。

本书的创新点如下：一是从之前对我国纸币制度演变的静态分析上升为对我国纸币制度变迁的动态分析，将金融协调的视角运用于对我国纸币制度演变的研究中，运用系统的观点和动态的观点重新审视中国纸币制度的演变过程，抽象出其变迁的路径，具有较为新颖的研究视角；二是采用了较为新颖的研究方法。之前地研究更多地采用历史归纳的方法，对纸币制度的内容进行具体描述，本书创新性地采用阶段特征概括法、金融协调和博弈论的方法，对纸币制度变迁背后的原因进行了定性和定量两方面的抽象和探讨。在此基础上归纳出的因果回路系统模型，阐释了我国纸币制度系统变迁背后的路径依赖机制，为人民币制度新一轮的改革提供系统动态的启示。当然，如果能够更为深入地探索一些概念及有关制度，增加钱币学和金融思想史的内容，本书内容会更加完善、深刻、科学，我会持之以恒、继续努力，争取为社会贡献更多有价值的学术成果！

目　　录

第 *1* 章

绪　　论

1. 1
研究背景和意义

1.1.1　研究背景

伴随着我国经济实力的增强，人民币的国际地位进一步提升（黄达，2004），当前人民币已经被国际货币基金组织（IMF）纳入到特别提款权（SDR）国际结算货币，这意味着人民币将会广泛地运用于对外贸易结算、对外投资储备中。然而，我国人民币价值还不够稳定、发行机制还不够灵活、人民币制度还不够健全，这成为人民币进一步国际化的阻碍。在这样的背景下，提升中国人民银行发行管理人民币的水平，是人民币区域化及国际化战略的客观需要。人民币要有合理的券别结构、稳健的发行准备、科学合理的发行方式，还要与我国的经济发展水平、文化水平和产权制度相互协调。

同时也应看到，资本项目自由化和本币一定程度的可自由兑换，势必会带来更大的金融风险，对我国尚还脆弱的金融体系形成巨大的冲击，使得这场改革尤为艰难。目前，学术界对人民币的面额、品种、版别等结构性制度因素，发行、准备、投放和回笼等总量性制度因素（杨丽，2004），以及人民币汇率制度、人民币完全自由兑换、资本项目管制放松等热点问题多有涉及。但是，这些研究并没有纳入制度系统，也没有注意到这些制度安排之间及其与经济系统和金融系统之间的关系。事实上，人民币制度改革是一个在矛盾中不断妥协、协调、寻求合作的过程，对包含发行、结构体系、流通和管理等内容的人民币制度系统的合理性、可行性和有效性均提出了更高层次的要求（张本照等，2007）。

制度系统论强调系统科学在制度研究中的应用，认为制度是各种制度安排构成的、具有特定功能和目的的有机的整体，制度的有效性应该按照系统的规律分析（李志强，2003）。以货币制度系统为例，它是由发行制度子系统、流通制度子系统和监管制度子系统相互联系、相互作用构成的有机体。系统本身包含了过程，制度的变迁就是用更高效率的制度系统取代原来低效率制度系统的过程；系统本身也包含了历史（乌杰，2013），制度的研究离不开历史的、路径的分析方法。路径创造包括路径依赖、路径偏离和路径突破，其中本书研究的重点是路径依赖，"人们过去做出的选择决定了他们现在可能的选择"，历史上的偶然事件被纳入存在正负反馈机制的系统，形成难以被替代的路径依赖（吴敬琏，1995）；初始的体制不仅形成了惯性，还形成了既得利益的压力集团，这些都决定了系统变迁的模式（曾定凡，2010）。从材质上而言，人民币包括纸币、金属货币、普通纪念币和贵金属纪念币，其中，纸币是本位货币。因此，人民币制度与我国历史上的纸币制度一脉相承，研究人民币制度改革，需要明确历代纸币制度是怎么变迁的；遵循什么样的路径；是否存在路径依赖机制；对人民币国际化背景下的人民币制度改革有怎样的启示？

1.1.2 研究意义

中国历史上的纸币并不是一开始就充当本位货币的角色，纸币从最初作为本位货币——金属货币的补充，到成为代用货币、与金属货币平起平坐，到取代金属货币成为本位货币，其地位越来越重要。当今推行的人民币制度就属于纸币本位制，纸币是人民币的本位货币，研究当代纸币本位制下的人民币制度改革，离不开对古代和近代金属本位制下的纸币制度的研究。因此，研究中国历代纸币制度变迁的规律，具有以下现实意义，第一，按照时间推移，通过分析我国纸币制度演变的历史过程，明确人民币国际化背景下人民币制度改革所遵循的路径以及路径依赖机制。第二,更加深刻的认识和理解当今人民币制度改革遭遇的客观历史条件与技术条件的限制,并从金融史的研究中汲取前人的智慧和思想,为人民币制度改革提供可行的目标模式。

从理论研究的角度而言,金融协调理论将诺斯新制度经济学与金融实践结合起来。新制度经济学研究在批判地继承新古典经济学均衡理论及理性选择假说的基础之上,更加关注动态的、非均衡的、个性的历史路径依赖,并把非市场因素引入经济问题的分析中,这种研究范式为金融协调问题的研究提供了便利。金融协调理论以金融系统对经济发展产生的促进作用(金融效率)为中心,研究金融及其要素变迁的规律,发展了制度系统的变迁学说。货币制度变迁的路径受制于经济金融系统发展的客观水平,又反过来影响经济金融系统运行的效率,货币制度的变迁是金融协调的结果,受到市场规律的制约,不断自我构造、自我修正、自我发育而自我强化(孔祥毅,2002)。具体而言,研究我国历代纸币制度变迁的路径和路径依赖机制具有以下的理论意义:

第一,证明纸币制度变迁是金融协调的产物。孔祥毅教授提出的金融协调理论,是揭示金融系统内部构成要素之间、金融与经济增长、社会发展协调关系规律的现代金融理论。以新制度经济学为基础的金融协调理论强调对个性与史实的关注,将金融制度变迁作为分析的突破口和关键。孔祥毅教授在《百年金融制度变迁与金融协调》一书中曾简要梳理过我国货币制度的变迁,指出货币制度是金融协调的产物。在此基础上,本书着眼于货币制度重要的组成部分——纸币制度,运用历史的、制度的观点,说明纸币制度变迁协调的部分是如何带来交易成本节约和金融效率的提高,同时不协调的部分是如何带来金融风险的,从而证明纸币制度变迁也是金融协调的结果。揭示中国纸币制度发展由领先转向滞后却不断抑制自我背离的原因,归纳出纸币制度变迁的路径并阐释其合理性,充实并证明了金融协调理论。

第二,运用博弈论的方法揭示了纸币制度系统的结构和功能。本书运用博弈论的研究方法,通过构建委托代理模型,定量说明古代国家信用纸币制度下,公众和政府之间的简单委托代理关系,以及近代银行券制度下，公众、政府和政治金融家之间的多重委托代理关系。通过构建博弈树模型，描述在纸币制度确立、周期性纸币滥发制度安排这两个关键环节，公众和政府是如何互动的，纸币制度系统是如何发挥功能的。博弈论的运用，不仅可以加深对中国纸币制度系统变迁路径背后均衡机制的研究，而且可以加深对纸币制度系统交替出现协调与不协调现象原因的理解，是新制度研究方法与中国国情结合并运用于纸币制度领域的有益尝试。

第三，运用系统论的方法阐明了中国纸币制度变迁路径的路径依赖。金融协调理论和系统论模型具有共同的哲学思维基础，系统论的研究方法强调用系统的观点去看待要素之间、子系统之间的相关关系，并在此基础上构建系统动力学模型，以便更加清晰地揭示这种相互作用的动态关系。纸币制度路径依赖机制研究的是实体经济和纸币制度之间、政府信用和纸币价值稳定性之间的关系，以及纸币制度系统内部关键的组成要素如何被影响，又如何发挥影响的。运用系统论模型研究金融协调理论，侧重对复杂制度系统要素之间的互补性和耦合性的研究，凝练得到纸币制度变迁路径内部的正负反馈回路，为金融协调理论与系统论提供了新的结合点。

1.2

国内外文献综述

制度是约束人们行为的一系列规则，纸币制度是为了保证纸质货币的正常使用，是对纸币发行和流通的一系列规定，这些规定既有政府以法令形式发布的正式制度，也有社会自发形成的、约定俗成的非正式制度。研究纸币制度就是要研究历代货币制度中有关纸质货币发行和流通的准则和规定。与西方不同的是，我国的纸币最初是作为金属货币的补充，中国的纸币制度是与金属货币制度相伴而生、共同发展的。纸币制度属于货币制度的范畴，只有在深刻认识货币制度的基础上，才能更深刻地把握纸币制度与金属货币制度的异同，并抽象出一般性的变迁规律，因此本书文献综述必然从探讨货币制度开始。

1.2.1 西方金融理论中关于货币制度的研究

本书按照时间顺序梳理了西方金融理论对货币制度相关问题的研究，建立在"货币非中性"的基本判断之上，西方学者采用历史的、系统的、动态的方法看待和分析货币以及货币制度，促进了新制度金融学理论的产生和发展。

（1）关于货币本质的讨论

西方经济学理论关于货币制度的研究可以追溯到古典经济学对货币的本质、职能和价值决定的探讨上。对于货币的认识，古典经济学家坚持实际领域与货币领域的"两分法"，此时的金融简单等同于研究货币。他们认为货币只不过是实体经济的"面纱"，主张"货币中性"——货币除了影响价格以外，对实际产出和就业不会产生影响（王广谦，2003）。亚当·斯密认为货币是分工的必然结果，分工通过促进生产专业化、扩大市场规模，进而实现了更广泛更频繁的交易；货币对于便利交易，扩大交易规模有重要意义。他还指出纸币是代替实物货币的一种符号，纸币的数量应该与金银货币的数量保持一致（斯密，1982）。亚当·斯密虽然认识到了货币对于降低交易成本的意义和作用，但是他认为货币仅仅是便利交换的媒介，并没有意识到货币的数量、单位和流通对于经济的影响。大卫·李嘉图也指出，货币需要量是由实体经济决定的，货币数量外生于实体经济，两者的差额导致了价格的变化（李嘉图，1923），古典经济学家普遍把货币看成是实体经济的外生变量和名义变量。

马克思（1867）在货币本质的认识上坚持并发展了亚当·斯密的劳动价值论。他认为货币是"从商品中分化出来的，固定充当一般等价物的特殊商品"。事实上，把货币简单地等同于商品是不准确的，克洛尔（1967）曾指出"货币可以用来购买商品，出售商品可以换回货币，但是商品却不能用来购买商品"。马克思并没有认识到，货币与商品最大的区别在于，货币的使用价值只能是一种交换中介，广泛使用货币的机会成本，是为了帮助货币更好地履行它的交易使命不得不放弃的其他用途（西蒙，2011）。这就决定了马克思对于纸币认识存在片面性，即纸币只是代替执行流通的职能，本身没有价值，纸币的流通量与货币的需要量不符会产生通货膨胀或通货紧缩，这样的认识仍然坚持了古典两分法和"货币面纱论"。比前人进步的是，马克思认识到了货币有"价值贮藏"的功能，货币作为资本在生产中起到的"持续的推动"作用。他提出了著名的资本总公式 G—W—G′，货币在资本流通中实现了价值的增值（马克思，1887）。马克思对于资本的认识，可以说打通了研究货币与经济增长关系的一条通道（常永胜，1997）。这一点古典经济学派的新兴代表人物欧文·费雪在其1911年出版的《货币的购买力》一书中也意识到了。在"费雪方程式"MV = PT 中，如果假设经济处于充分就业的均衡状态（商品交易量 T 不变）、技术和制度条件稳定（货币流通速度 V 不变），此时货币 M 是实体经济的外生变量，只会影响价格 P。但同时，费雪敏锐地指出，当经济处于非均衡时，由于时滞的存在，在短期内货币数量 M 会通过影响利率进而影响实体经济（徐诺金，梁斌，2014）。马克思和费雪的研究无疑使货币外生于实体经济的理论有所松动，给以后的研究以启迪。

维克赛尔（1898）首先对"货币中性"的观点提出了质疑。他认为除非实际利率等于自然利率（预期利率），货币的变化通常会导致市场借贷利率的变化，进而通过刺激投资而影响实体经济（郭金龙，2007）。熊彼特基于创新经济学的理论，强调货币对经济有着重要的作用——资本市场是实现创新的基础，是经济发展十分重要的驱动力（熊彼特，1983）。凯恩斯（1936）指出货币对于实体经济相当重要，并阐释了如何通过"相机抉择"的货币政策刺激经济的复苏。凯恩斯认为一个国家的有效总需求不仅包括消费，还包括投资、政府支出和净出口。当市场处于非充分就业的均衡状态时，就需要政府采取适当财政政策和货币政策刺激有效需求。货币和其他生息资本一样，对就业、产出、收入有着实质性的影响。面对当时的经济萧条，凯恩斯主张适度扩大货币的发行，这一方面可以通过降低利率刺激投资需求，另一方面可以扩大政府的公共投入刺激政府支出，并通过乘数的作用，引导有效需求快速增长以实现与"过剩"的总供给相匹配（凯恩斯，2007）。与凯恩斯的主张不同，以弗里德曼（1956）为代表的货币主义主张"单一规则"的货币政策。他们认为，由于长期中的"货币幻觉"消失，货币政策最终会失效；鉴于经济具有这样的内在稳定机制，政府对货币供应量的控制就变得十分重要。然而，货币主义的主张并非否认了货币非中性理论，正相反，货币数量论的著名公式 MV = PQ 揭示了货币 M 能够直接影响经济产出 Q，因此，货币数量在货币主义那里，成为影响经济平稳发展最重要的因素（弗里德曼，1956）。

伴随着越来越多的学者承认"货币非中性"，学者们对金融问题的研究范围大大扩展了，扩大到了对货币以及与货币有关的经济活动（包括资金的融通、管理和运用）的研究上，对货币问题的研究也离不开对金融问题的阐释。伴随着研究的深入，1965 年，哈恩曾提出一个著名的"哈恩难题"——既然纸币本身没有价值，为什么在商品和劳务交换中具有真正的价值？在回答这个问题的过程中，人们对传统的货币理论提出了质疑，发现传统货币理论建立在先验接受货币及其价值存在的基础上，不论是货币内生论者还是货币外生论者，都把货币看成是一种从天而降的既有存在，殊不知货币就像其他发明一样，人们已知货币的优势，进而发明创造了货币（怀特，1999），因此需要加强对货币本身的研究。

（2）基于制度视角对货币的研究

第一，货币制度性本质的提出。

不同于主流经济学运用简单的、统一的、抽象的市场机制模型和价格机制模型研究的方法，西方激进分析范式"历史学派"以李斯特等为代表，强调运用历史经验归纳的方法研究经济问题。李斯特认为，经济学具有共性，但更有个性。他主张以国家为单位，综合一国的政治、文化、民族、精神、法律等因素研究经济活动的方式和后果，形成不同于主流经济学的、分散的经济理论，这种分析方法影响了人们对货币本质的理解（韩毅，2002）。门格尔（1892）首先提出"货币内生起源说"，他意识到货币是一种基于习惯的历史和社会的选择，只有可市场化程度较高的商品才会被普遍接受、成为货币。西蒙（1900）也指出，"货币是一种社会现象，货币在经济中的特殊地位并非自然演进而来的，它是人与人对等关系的表现形式和载体"；如果货币数量的变化不能体现人与人的关系以及商品价格之间的相对关系，货币将失去存在的基础。这些论述认识到货币是一种社会形成并普遍接受的制度安排，认识到制度因素在货币发展过程中扮演的决定性角色。新古典经济学的三大基石是"稳定性偏好、理性选择模型和均衡分析理论",制度分析的引入反对新古典经济学只研究市场制度、忽视非市场制度,重视不同区域的历史和社会习惯对货币本质和作用的影响,主张将制度结构和交易成本的分析引入到货币分析的框架中,探究货币制度如何变迁以及如何最终达到相对最优的状态(张杰,2010)。提炼认识货币的本质,不能简单放在"市场具有完全性且自动出清"的假设之下,仅仅把货币当成自然而然被选择的一种媒介;而要把货币放在"社会人""组织人"复杂博弈的选择过程中研究,主张将货币的产生和发展、人际交往的规则和社会组织的结构结合起来研究。

第二,现代金融理论对货币制度的研究。

对于货币问题的研究逐渐向两个方向发展,一个方向侧重于深入挖掘货币制度,即"作为最重要的金融要素,货币为什么重要"。伴随着制度经济学的发展,产权制度和交易成本理论被更多地应用于货币本源的分析上。1962年,康芒斯指出,货币的实质就是关于财产权利转移的制度,"货币的重要作用之一就是从错综复杂的关系中,形成统一的计量标准"(康芒斯,1989)。之后,希克斯建立了基于交易成本的货币理论分析范式。希克斯认为,交易成本的大小直接决定了人们对货币的需求,降低交易成本的需求促进了信用、金融组织和金融制度的变迁,而信用的发展又支持了货币的发展(希克斯,1967)。后凯恩斯主义者保罗·戴维森发展了凯恩斯的货币学说,他认为凯恩斯所说的"流动性"已经包含了个人与国家之间的现期和远期债务合约的关系,涵盖了制度的因素(燕红忠,2011)。然而,上述新古典学派基于均衡的研究范式仍然假设货币仅仅是交易的"过渡"环节,将货币理论和一般均衡的价格分配理论割裂开来,这为制度经济学派所反对。克洛尔认为"如何处理货币因素是新古典经济学的最大障碍","一部经济交易史就是人们持续寻找成本最低的交易制度的历史",他成功地建立了包含货币制度因素的非均衡分析范式,创造性地将货币因素引入到价格和分配理论的分析中,使得货币因素本身的深刻内涵与复杂结构被认识,并使货币运行的制度含义更加明晰(克洛尔,1967)。这种研究范式的运用,使得金融不再是瞬间静态均衡的结果,转而变成长期动态均衡的结果。总之，在上述制度经济学与货币经济学理论整合的过程中，逐渐形成了制度金融学，其理论的提出主要依据于对制度的历史性和材料性描述以及反对运用数学建模和新古典经济学的一般均衡分析范式。

在这种背景下，对于金融学中最传统的课题——货币和货币制度，仅仅涉及货币本身已经远远不够了，还需要讨论金融组织、金融中介、金融工具以及金融活动进行的金融市场，货币制度被越来越多地放在金融系统中，需要运用动态的、系统的视角去研究。与货币变迁息息相关的、能够提供担保的金融中介，与交易成本密切相关的金融工具和金融组织，规范信用与契约的金融监管和金融制度的演变，以及各个要素之间的相互作用都成为研究金融效率的重要内容。事实上，现代金融理论从 20 世纪 50 年代开始逐步摆脱了过去那种纯货币理论的状态，转变为精确刻画金融体系与金融活动的产物。对纸币制度变迁的探索，不局限于纸币本身，而是运用动态的、系统的视角，关注中国历朝历代与纸币息息相关的发行机关、流通部门、回收中介、发行流通准则和政府监管等内容，只有这样才能把纸币制度变迁的规律说得更清楚。

第三，金融发展理论对货币制度的研究。

对于货币问题的研究，另一个方向则基于"包含货币因素在内的金融体系到底对经济有多重要"的视角展开，运用整体的观点取代原先以货币为主线的研究视角。以戈德·史密斯，麦金农和肖为代表的发展金融学家们认为金融系统的结构和制度设置都会对经济产生直接的影响，并形成了发展金融学理论，其基本内容是研究金融体系在经济发展中怎么发挥作用，以及如何合理利用金融资源、建立有效的金融体系和金融政策组合，以最大限度地促进经济增长、实现可持续发展。1969 年，戈德·史密斯提出了金融结构分析理论，他认为金融结构是金融工具和金融机构的综合，金融工具可以促使储蓄和投资活动的分离，提升资金使用的总量水平；金融机构则能够有效地配置资金、提升金融效率，金融越发达、金融活动对经济发展的渗透和促进作用就越强，这是金融发展理论的开端（戈德·史密斯，1969）。1973 年，麦金农提出了著名的"互补性"假说，他认为由于发展中国家缺乏高效的金融组织和金融手段，货币和资本不是凯恩斯所说的替代关系，而是相互促进的互补关系；政府只能通过影响实际收益率来影响投资，主张解除"金融压制"，运用市场化的利率反映资本的稀缺程度（麦金农，1973）。肖（1973）则认为货币仅仅是债务中介，代表债务债权关系，不会影响社会收入，金融业较为发达的国家可以便利地将储蓄转化为投资，而发展中国家金融自由化的成败，在于是否允许金融中介的充分自由竞争（肖，1973）。麦金农和肖从货币的制度性实质出发，关注的是金融系统对经济发展的作用，他们的理论标志着金融发展理论的正式形成。金融发展理论运用整体性的观点探究金融系统和经济系统之间的相互作用，站在一个更广阔的角度俯瞰货币制度，这为本书研究纸币制度提供了一个新视角。在梳理历代纸币制度变迁的过程中，本书跳出纸币制度本身，分析整个金融系统和经济系统之间的互动关系、把握关键变量，再回到纸币制度子系统中，得出不一样的理论和观点。

（3）制度金融理论的新发展

新制度经济学派的鼻祖科斯早在1937年就在《企业的性质》一书中提出，在交易成本为零时，市场可以达到最优配置；交易费用为正的情况下，交易制度的安排会带来不同的资源配置效率（科斯，1937）。到20世纪70年代，新制度经济学派的分析范式逐渐成熟，形成了自己的理论和学说。新制度经济学派"新"在对新古典经济学的研究方法的借鉴，将交易成本纳入生产成本中，强调制度对经济绩效的影响，这样的方法也被广泛地运用于金融学的分析中。1971年，尼翰斯在一般均衡模型中，引入个人对使用两种不同交易物品的需求曲线及预算约束曲线等工具，得到货币交易成本最低的均衡结果（尼翰斯，1971），在克洛尔的基础上进一步回答了"货币经济究竟如何产生"这一核心命题。制度被新制度经济学派的集大成者诺斯定义为博弈规则，认为制度在有交易成本的市场中扮演十分重要的作用，制度变迁和路径依赖理论是新制度经济学的核心。诺斯（1991）重申了经济制度的变迁是社会分工、经济发展、历史变迁的结果。政府在经济活动中制定的规则是一把"双刃剑"，制度的制定和实施既要重视政府发挥的作用，又要重视包含产权和交易成本在内的、由均衡模型决定的行动边界。他还建立了著名的国家模型，把国家政策的收益和成本都考虑在内，衡量制度的优劣。总之，诺斯最终成功地构建了一个"以制度、制度变迁和制度创新为主轴，以产权、国家和意识形态理论为主要分析框架的新制度经济学的理论体系和研究范式"，这标志着新制度经济学派的成熟（诺斯，1994）。

诺思对制度的分析是建立在三个基石上的（诺斯，2008）。第一，制度的存在和发展是建立在人类普遍存在的合作基础之上的。第二，人类行为并非只为追求个人利益的最大化。具体而言，与新古典范式的"经济人"假设不同，人们的行为会受个人行为动机以及对环境的辨别和认识的影响，会主动约束一些短视的、逆向选择、道德风险的自利行为，这些行为的出现与制度是分不开的。因此，制度是人为设计的、限制人类行为选择的集合大小的博弈规则。第三，交易费用在交易中普遍存在。市场并非完美，交易的复杂化和非人际化使得市场中存在交易费用、信息成本以及不确定性和风险。制度通过决定交易结构，决定不同交易的交易成本。不论是正式约束还是非正式约束（行为、惯例和行为准则），都能有效地降低交易中的信息成本和监督约束成本。总之，诺思的行为理论和交易成本理论是他研究制度渐进演化所形成路径依赖的根本。

诺思十分重视制度变迁的研究，并提出制度经济史的研究方法。诺思认为"历史是现实存在唯一正确的解释"，他主张在当代经济学假设的前提下，通过统计和数量的方法验证历史史实，并提出合理的制度经济学理论，说明"作为经济成就基础的制度结构和获得这一成就的原因"（诺斯，1994）。诺思主张企业家和组织是制度变迁的主角，共同塑造了制度变迁的方向，他们之间的复杂博弈是制度规则和实施所构成的复杂结构边际调整的动力来源。诺思的制度理论是由产权理论、国家理论和意识形态理论三大理论构成的（诺斯，1994）。简而言之，诺思认为国家既不是契约形成的，也不是统治阶级用来掠夺和剥削被统治阶级的工具，国家是用来降低交易成本、用产权诱导激励个人经济行为、自然而然形成的成规模的组织。制度的实质是国家为了换取收入，提供的"保护和公正"的服务（诺斯，1994）。受诺斯的影响，雷（1990），古德哈特（1998），英格拉姆（2004，2006）分别从历史学和人类学的角度重新阐释并验证了门格尔的相关理论，他们的研究思路也为本书所借鉴。

制度的变迁来源于其内部稳定力量和不稳定力量的两种博弈。从产生之初，制度就面临着不稳定性，国家的利益和选民的利益并非完全一致。作为一个垄断者，国家总是追求税收最大化，而选民则希望交易成本最小化，国家只有在保障自己垄断收益的前提下，才会试图降低市场交易成本，增加社会总产出；如果产权的结构和竞争合作的规则有损国家的收入，即使有利于降低交易成本、提高市场的效率，国家也不会去做，这样下去的结果必然是经济变革和国家的衰退。然而，现实中的国家并不是完全的垄断者，国家面临其他国家或是国内其他潜在统治者的竞争，因此国家的行为受选民的机会成本制约，当替代者的制度给选民带来更大的边际收益时，政权就会更替，从而导致制度的不稳定性。但同时，制度也存在着稳定性，其原因有三，第一，变革制度时，分散的选民和具有规模效应的国家面临的启动成本是完全不同的。因此在制度变革上，选民宁愿选择"搭便车"，把新制度的推广交给现存国家或是现存国家的替代者去完成。第二，制度本身存在着自我强化功能和锁入效应，制度激励过程中，组织间的共同关系具有规模报酬递增的性质，存在正反馈。第三，制度在实施和推广的过程中，存在着自我完善的学习效应和协调效应，这种自我强化使得制度具有稳定性。制度的变迁就是在稳定性和不稳定性两种力量共同作用下出现的，本书也借助博弈论模型，牢牢把握住这两种力量的相互博弈。

近年来，受新制度经济学研究范式的影响，新制度金融学理论不断发展、日臻成熟。在货币制度的研究中，博兰达和杨小凯（1992）从亚当·斯密"货币是分工演进的重要条件"这一基本论断出发，认为货币的演进需要具备交易效率和法律制度这两个充分条件；通过将分工、信贷、货币、法律和政府引入到一般模型中，揭示了货币制度演进的深层含义——在"政府克制"①和法律制度的保证下，较之商品货币、信贷承诺（信用货币）更易达成交易，加深了对货币制度本质的认识。"新门格主义者"怀特（1998）在其代表作《货币制度理论》一书中，对不兑现信用货币

---

① 政府克制滥发纸币以征收隐形通货膨胀税的冲动。

制度进行了深刻的研究。他成功地将新古典经济学的研究方法和新制度经济学的思考方式结合在一起，开篇用翔实的历史事实说明了市场上货币制度的演变，证实了历史上长期出现私人发行货币的情况。通过引入 ppg（黄金的购买力水平）和 ppm（不兑现信用货币的相对购买力水平）两个变量，进行严密的梳理推导后得出，与金本位货币制度相比，不兑现货币制度虽然不能更可靠地保持货币的购买力，但并不意味着货币的不稳定性。怀特还着力研究了自由银行和中央银行这两种金融中介机构的不兑现货币制度，他主张，对于竞争性的自由银行体系而言，不论其规模大小，市场是否封闭，这个系统都被证实能够自动稳定名义收入；而对于政府垄断的货币发行而言，作为公共产品的货币稳定性也意味着最小的交易成本，具有最优的经济效率。此书将影响制度的因素定量化，引入到传统的均衡模型分析中、进行严密的数理推导并得出结论的方法，为货币制度变迁的研究提供了很好的示范和启示。斯蒂格利兹和格林沃德（2003）也提出，与金融竞争要素相比，制度才是资源配置效率的决定因素，打通制度障碍是经济发展的关键；而制度具有沉淀性和内生性，不能简单地复制。中国的货币制度或者是纸币制度有其特殊性，不以西方纸币制度演变的历程作为教科书，本书从中国的国情和历史出发，分析我国纸币制度演变的合理性和必然性，探究适合我国实际情况的纸币制度变迁的路径、路径形成的原因、路径依赖和目标模式。

还有一些金融学家从与众不同的视角探讨了货币制度问题。一些学者从哲学的角度思考制度金融学的问题，瑟尔（2005）指出，不同于个人主义视角，集体主义视角越来越影响制度经济学对事物本质的看法。在此基础上，帕帕多普洛斯（2009）创新性地将依赖于集体主义的国家理论与货币制度结合起来，重新定义了货币。他认为门格尔关于货币是交易媒介的定义是基于个人主义的哲学基础上的，不能很好地解释货币的普遍适用性，只有将货币看成是国家法定价值的代表物，才能够更好地理解货币的本质和特性；他还强调国家的税收和技术对于制定和实施货币制度的重要性。秘鲁经济学家索托（2000）从所有权的视角探讨了金融制度存在的基础，索托认为，货币所有权的规定帮助货币转化为资本，释放出其促进经济发展的潜能。发达国家明晰的所有权制度既为资产转化为资本打破了时空界限，又为其运转提供了规范的约束；发展中国家出现"充裕资产和贫乏资本"并存的局面，根源在于所有权制度不明晰。应该说，除了交易成本因素，所有权也是研究货币制度非常重要的组成部分。默顿和博迪（2005）提出金融系统的功能理论，他们主张金融系统的核心功能可以分为六类：促进交易、动员储蓄、资源配置、风险改善、信息提供和激励功能，着眼于外生性的金融功能，进而推导出金融制度的内生性结构。这为本书研究纸币制度提供了另一种新的视角，即从功能推导结构、由表及里、从制度的表现推测出制度的内涵。基于博弈论和交易成本理论，一些学者对货币制度和货币政策的设计提出了许多新见解。纳什（2002）基于博弈论的视角，在明确现存货币制度设计不能提供足够交易效用的基础上，提出应该构建包含商品价值变动趋势、独立且稳定的价格指数作为货币价值的基准，并指出这个指数的设计应该独立于各国政府，以避免政府利用货币制度偿还债务。苏巴基（2010）也指出，需要构建一个超国家、多货币的储备系统以稳定货币价值，实现货币政策的目标。斯科特（1997），顾客文和里皮（1999），古佐和韦拉斯科（1999，2002），劳勒（2000）和里皮（2002）从货币供给量的角度，探讨了工会和中央银行之间相互博弈的关系。他们的研究一致认为，工会通常不会掩饰自己对名义工资增长的需求，在权衡失业率和通货膨胀率的利弊得失后，保守的中央银行会选择节制性地增发货币，这样做的结果是名义工资上升，失业增加。索斯凯斯和艾弗森（1998，2000），布拉蒂比斯和马丁（1999）从货币需求量的角度指出，当保守的央行选择节制性的货币发行时，工会对货币的需求量只能相应的减少，从而引起名义工资的下降、失业率降低。康瑟里等（2006）则融合以上两个角度，指出央行采取保守货币政策的效果取决于工会对于通货膨胀和失业的权衡取舍，当工会更看重失业率降低时，央行反对通货膨胀的政策会同时降低失业率和通货膨胀率。由此可见，分析博弈的均衡解，可以定量地判断政府和其他社会组织对于货币制度的权衡选择。

总之，通过对西方货币制度理论的梳理，当今对于货币制度的研究要遵循"大金融，大系统"的特点（燕红忠，王昉，2015）。对于货币制度的研究，范围要足够大，要涉及整个金融体系；时间要足够长，要能够揭示制度变迁的规律。在古典经济学时代，货币问题本身就是金融学全部的研究范畴；随着凯恩斯理论和新古典经济学理论的发展，货币问题逐渐伴随着对资金的融通、管理和运用等其他相关金融问题的研究；西方激进分析范式的发展将历史的、社会的因素引入到货币问题的研究中，强调货币的制度性本质和变迁；制度经济学的发展，提高了对货币制度研究的深度和广度，金融制度（包括货币制度、汇率制度、信用制度、银行制度、利率制度、金融机构制度及金融市场制度等）与金融组织、金融市场、金融中介、金融监管、金融工具等要素共同组成了金融体系（王元龙，2003），金融活动的效率伴随着金融体系的演化而变化；发展金融学理论则强调金融体系和经济系统的相互作用，货币制度的研究范围也从金融体系内部扩大到金融体系外部，关注金融系统和经济系统之间的相互作用；新制度金融学的发展为货币制度的研究提供了不同的方法和视角，理论界对于货币制度的研究角度越来越多样、认识越来越深刻。本书研究纸币制度的时候，不仅侧重其随时间的变迁，还侧重其与经济系统、金融系统等其他要素的相互作用。

1.2.2　我国金融理论中关于货币制度的研究

我国金融学者对现代金融学的概念、分析范式的熟悉相对较晚，改革开放后，才开始逐渐尝试运用现代金融学的思考范式探究中国的货币金融问题，形成了具有中国特色的理论，从而极大地丰富和发展了制度金融学的相关理论（张杰，2011）。对于货币制度的研究集中在中国特有的"超额货币之谜"上，樊纲和张曙光（1990）认为，中国特有的公有制经济，导致我国市场资源配置的方式呈现"父子竞争"和"兄弟竞争"的特点，表现为：国家妥协于地方的利益，不得不追加投资，进而扩大了货币供给；国家分权改革后，地方通过控制地方银行的创设权，获得了"实际的货币发放权"；国有企业通过债务的形式将企业债务转嫁为国家债务，进而获得"间接货币发放权"。由于"家庭内竞争"的存在，我国的货币制度是建立在模糊市场边界前提下的，其变迁的根源在于公有制经济的内在制度矛盾。

对于我国货币化进程的问题，有金融学家将其看成制度变革的函数加以阐释。易纲（1996）认为，由于我国非公有制经济的放开，起初，人们对于交易成本较低的现金，有增长的需求，产生了"外生货币化"现象；外生货币化之所以没有以通货膨胀价格上扬而结束，其主要原因在于我国居民的富余现金被稀释到存款这种单一的金融资产的形式上，从而产生了"内生货币化"。樊纲（1999）也指出，银行存单作为一种货币供给，是国家和居民之间签订的长期"债务合约"，我国国家低负债的原因在于，银行负债的形式替代了国家财政的补贴。对于我国最适货币发行数量的研究，秦朵（1997）主张，在货币需求函数中消除利率，引入上述的货币化因素作为新的自变量；谢平（1996）和张杰（2006）则主张保留利率，谢平（1996）认为，在我国，低利率是"金融安排权"复杂博弈均衡的结果，基于"制度变迁预期"，人们对未来的收入以及消费支出的不确定性导致了我国特有的存款货币化现象。张杰（2006）则通过探究利率与货币需求的内在联系，指出我国的利率是与政府的国家能力和金融担保力密不可分——居民在资本市场上的投资行为最终是以银行存款作为金融屏障。虽然我国表现出类似于凯恩斯所描述的"流动性陷阱"的情形，但是我国居民并非丧失投资信心，而是极大偏好无风险存款的相对收益率。由于我国公有制和非公有制并存的经济制度，使得我国的货币制度的边界、货币化进程、合适的发行数量等要素都呈现出自己独有的特点，使得本书研究的主题很有意义。

伴随着社会分工，一方面，生产链条被细分为若干产业和若干生产环节，这些环节彼此紧密相连，形成复杂的外部性（互补性理论）；另一方面，专业化带来显著的规模经济，市场扩大、分工深化又会造成新一轮的规模扩张（规模报酬递增理论）。在这样的态势下，金融系统内部、金融系统和经济系统之间相互作用、相互影响，金融制度对于规避风险、稳定市场，起着越来越重要的作用。孔祥毅教授（2002）创新性地提出金融协调理论，其代表作《百年金融制度变迁与金融协调》上篇主要考查金融制度的历史变迁规律，孔祥毅教授历史性地梳理了宏观国家层次的金融制度、货币政策制度、中央银行制度、货币制度以及金融组织制度的变迁及协调规律；下篇按照"制度创新——交易成本降低——运行效率提高——金融协调发展——经济、社会协调发展"的内在逻辑,从中抽象归纳出金融协调理论。按照金融学研究对象的范围大小,孔祥毅教授(2002)详细讨论了三个层次,分别介绍了金融系统的外部协调和内部协调所遵循的具体规律。宏观层次,介绍了金融系统与经济系统、社会系统、非金融企业、金融国际化的协调和不协调的现实表现和背后的原因,并据此提出了相关政策建议。中观层次,探讨了金融系统关键因素的协调,包括中央银行的独立性协调,与货币政策、金融监管机构的协调问题;还介绍了银行业、证券业、保险业之间的金融协调问题。在微观层次,介绍了银行业内部、保险业内部和证券业内部的协调问题,最后提出了金融协调战略。金融协调理论的层次和内容非常丰富,货币制度与其他基本概念的关系可以用图 1.1 来表示。

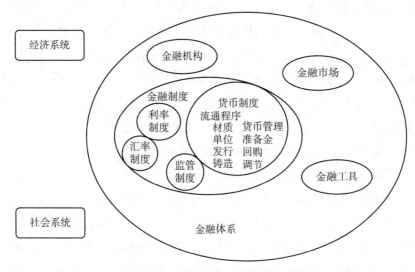

图 1.1　金融协调理论的层次示意

　　孔祥毅教授(2002)在书中指出,金融制度变迁,遵循这样一条基本的逻辑(见图 1.2)①:

①　孔祥毅. 百年金融制度变迁与金融协调 [M]. 北京: 中国社会科学出版社, 2002: 35 - 36.

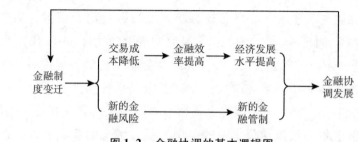

图 1. 2　金融协调的基本逻辑图

　　作为金融制度的一种，纸币制度的变迁也遵循这样的基本逻辑。虽然存在着国家利益与选民利益的博弈，但纸币制度变迁的路径从根本上遵循交易成本递减规律：伴随着纸币交易规模的扩大，人们越来越信任纸币这种交易媒介，表现为人们获取纸币代表价值的边际信息成本下降；这种信任的信息在交易者间传导，会带来更为普遍的信任，表现为交易成本递减。一方面，交易成本降低会促进金融效率的提高，进而促进经济发展水平的提高。另一方面，任何金融制度的创新，都是一把双刃剑，纸币制度发展的同时也会带来新的金融风险，需要政府进行监管。本书研究中遵循的重要逻辑，是纸币制度如何表现自己，又如何适应其他事物、承受合作的协调过程，最终抽象出中国纸币制度变迁遵循的路径，揭示路径背后的路径依赖机制，为国际化背景下的人民币制度变革提供启示。

　　近年来，金融协调理论有了新的深化和发展，其中一个方向是多层次、多内容的宏观协调关系研究；另一个方向是选准某一个子系统、甚至是子系统中的某一个要素，研究它的变迁、其所带来的其他要素和系统的相互影响，进而总结出规律。事实上，金融协调理论已经深入到金融系统的对外金融关系、金融机构变迁、货币政策目标等方面：张亚兰（2006）按照时间顺序，对中国的对外金融关系进行了梳理，发现中国的金融系统演进离不开它与世界金融系统的协调互动；周旭峰（2013）研究了金融先导战略与实体经济的协调机制，规范了金融先导制度的行为边界；郭金龙（2007）从金融复杂系统的视角，重新审视了金融发展中金融组织变迁的金融协调问题；杨志勇（2014）通过分析 1800～1937 年中国金融机构的协调，认为近代金融机构的变迁，是金融功能分化和协调实现的过程。刘超（2015）等运用系统论的模型，分析我国货币政策目标之间的交互行为和传导机制，解释多层次目标之间的金融协调关系。刘超等首先明确了货币政策系统的五个子系统：经济增长子系统、物价子系统、国际收支子系统、就业子系统和金融稳定子系统；明确了六个主要的因素变量：M_2、GDP、国际收支差额、通货膨胀率、同业拆借利率、金融机构借贷总量和失业率；构建了包括主导反馈回路及结构流图在内的系统论模型；在运用历史数据对模型边界和模型有效性进行检验的前提下，运用模型进行政策模拟和预测，仿真得出我国稳定物价为主的货币政策目标的合理性。因果回路图能够揭示纸币制度子系统各个要素之间、纸币制度与金融体系其他子系统（金融机构、金融市场、金融工具）、与经济系统（物价水平、财政收支、经济发展）之间的关系，确定关键要素；而存量流量图能够从定量的角度仿真速率变量是怎么影响状态变量的，从而解释影响纸币制度变迁的稳定性和非稳定性因素之间相互作用的关系。本书分析纸币制度变迁的路径依赖机制也借鉴了刘超的研究方法。

作为金融学最基本的范畴，货币与货币制度一直是金融学研究的起点，而金融协调理论涵盖金融系统的方方面面，因此金融协调理论自然也被运用到货币制度的研究和分析中。武巧珍（2004）运用金融协调理论分析了货币制度变迁，她认为货币制度变迁是内生交易费用和外生交易费用均衡的过程，货币制度受到经济与社会发展水平的制约，实现了外部协调和内部协调。从外部而言，货币的流通受市场结构和市场规律的制约，不仅与通货膨胀、通货紧缩现象密切联系，还与经济周期和财政赤字相互作用。从内部而言，货币制度要注重真实货币需求与货币供给的协调以及货币自身结构的协调。骆玉鼎（1998）认为，货币的普适性信任决定了货币变迁的初始交易成本，其他使用者的普遍判断、货币自身物理品质的信任增量，共同决定了交易成本的变化率。褚俊虹（2002）等认为，货币的本质是信用，货币变迁遵循信息边际成本递减规律和交易成本递减规律。以上研究多是纯理论层面的描述，缺乏对金融史动态过程的研究和系统的探讨，也缺乏我国特色。李勇五（2014）运用金融协调理论，研究了明清时期银本位货币制度的变迁，及其与当时的对外贸易、金融信用、金融机构、金融业务、金融网络和国际金融等金融系统要素之间的互动协调关系。货币按照币材的变迁，可分为实物货币、金属货币、纸质货币和电子货币，李勇五重点研究了银本位货币制度，本书则侧重对纸币制度的研究。

1.2.3 货币史关于货币制度的研究

我国货币史学界曾经对包括纸币制度在内的货币制度做出过大量的梳理和贡献，形成了编年体的学术专著。作为中国货币史研究的泰斗，彭信威（2007）在《中国货币史》一书中按照朝代顺序详细地梳理了中国古代货币产生和发展的历史，包括对纸币制度的讨论，如发行限额、发行准备、流通范围和回购措施等，还探讨了纸币购买力和物价的问题。在他之后，叶世昌（1986）的《中国古近代金融史》，千家驹、郭彦钢（1986）的《中国货币史纲要》等著作不仅对各个朝代的金融机构、信用、金融政策等变迁进行了详细的论述，还为古代纸币制度变迁提供了丰富的史料和有建树的观点。然而，这些著作却没有从纸币制度系统这一层次专门探讨其变迁的过程，也没有探讨纸币制度与经济系统之间的关系。总之，我国货币史对于纸币的研究，起点于钱币学的范畴。从彭信威先生起，逐渐开始重视对纸币制度规范的研究，引入经济史的研究方法后，从注重货币形制的考古转向对货币的发行、流通、管理等货币制度的研究上来，将其纳入到金融史的范畴中。

除了以上编年史的著作，按照不同朝代的时间顺序，学者们详细探讨了中国纸币制度演进的断代史。杜文玉和王克西（1992）详细地梳理了宋代纸币的发行、回笼、兑换和买卖的制度。他们指出，宋代的纸币除了民间和官方两种渠道以外，政府还通过官方支付和购买、收易金属货币的方式发行纸币；纸币的回笼除了动用金属和实物之外，还灵活运用官田买卖和赋税需用制度；纸币的兑换遵循"以新易旧"的原则，其买卖价格除了与纸币的发行量、交易便利的程度有关之外，还与纸币的兑换期限和当时规定的赋税比例有关。姜丽文（2008）研究了宋代纸币兴衰的原因，她认为，纸币的兴起与四川商业的繁荣及其特殊经济环境有关，而纸币中途的衰落则主要在于当时政府发行纸币只是为了解决钱荒、应对军费开支和赤字，纸币缺乏发达的社会经济水平的支撑，势必会走向衰落。叶世昌（1997）从流通制度的角度，分析了元代不同种类钞票的发行与贬值问题，并提出，有别于西方的信用货币，元代纸币是一种国家纸币；有别于前代纸币制度，纸币是元朝的基本货币制度，代表了基本的流动性。岩村忍等（1999）运用动态的视角，梳理了从"纸钞的产生到真定路的地方楮币、再到中统钞作为主要交换手段"这一纸币发展脉络。唐景（2009）在此基础上，详细地阐释了至元钞、大银钞和至正钞等纸币的发行、面额、兑换和通货膨胀的问题。梁言（2008）认为，宝钞自发行之时就面临着通货膨胀的问题，其原因在于，明代纸币制度的推行与设计得不合理，这种不合理具体表现在：没有准备金制度、仅仅依靠政府信用；没有系统的发行制度；倒钞法仅针对纸币破损而不针对纸币贬值；货币发行数量大且具有随意性、很不稳定；政府采取的减税政策不利于回收宝钞、稳定币值。陈昆，李志斌（2013）也指出，政府以缓解财政压力为根本动机设计的宝钞制度，必然带来宝钞的崩坏。宝钞的单向兑换制度具有明显的国家敛财性质，加之当时没有信用事业和信用机构的支持，导致宝钞最终被白银和制钱双重本位货币所取代。西方货币史学者也对中国的纸币制度变迁提出了自己独到的见解。皮克林早在 1844 年就注意到，中国纸币制度的建立不仅早于西方世界，而且有自己独特的发展轨迹，他将中国纸币制度的起源和发展，梳理介绍给西方货币史学界。塔洛克（1957）认为，从宋代开始，在每个朝代，中国的纸币制度都经历了从兴起到放弃使用的循环。他指出，纸币制度的放弃，是民众与政府共同的选择。他特别强调，当纸币代表的价值不稳定时，和民众一样，作为发行和管理机构的政府自身，为了维护自身的利益，也有强烈的动机违背法定的纸币制度。金（1965）认为，面对西方资本主义经济挑战时，中国金属货币制度的变化一方面与欧洲极其类似，另一方面又存在改革不彻底的根本性桎梏，从而反驳了中国货币制度落后于西方的论断。格莱恩（1996）研究了公元 1000～公元 1700 年中国的货币制度，他系统地梳理了 700 年间中国货币制度，尤其是纸币制度的变迁，指出明代银本位制度取代纸币制度，不是全球贸易趋势的结果，而是明代发达商品交易的需求客观推动的必然选择。荷尼夫（2009）分析了 1847～1937 年，在华英国外资银行对中国金融系统积极的影响，特别是准备金制度和银行券的发行，促进了当时中国货币制度的现代化。

近年来，将新制度经济学与经济史的分析结合，成为货币史发展的新趋势，这种分析范式主张，以一个国家的制度变迁为主轴，考察其背后影响的综合因素，重新解释历史的内涵，并出现了许多新代表作。杜恂诚（2004）在《金融制度变迁史的中外比较》中认为，中国金融制度变迁可以分为基于经济发展形式自然而然形成的（诱导性变迁），或是由政府主导强制形成的（强制性变迁）。他将交易成本理论纳入中国近代货币制度变迁的讨论中，认为近代币制改革主要是一种由政府主导的强制性变迁，其推行和监督成本高昂，政府财力和控制力不足导致币制改革进行得十分艰难。王书华（2009）运用守信博弈、财东与经理的博弈模型等，证明山西票号的身股制度是一种诱导性的制度变迁，遵循特定的路径。不论是强制性变迁还是诱导性变迁，其必然存在着政府和其他社会组织复杂的博弈关系。揭示这种博弈关系，能够更好地阐释稳定性因素和不稳定性因素之间的因果反馈关系，揭示纸币制度变迁的路径依赖规律。张杰（1998）运用金融制度的二重结构理论，分析了中国古代和近代金融制度的变迁。张杰认为，由于缺乏平等自由的契约精神，金融制度往往是为了政府垄断收益最大化"自上而下"推行的，比如"飞钱""柜坊""票号"等金融形式；中国下层缺乏产权保护，盲目追求短期商业利益，而民间金融改革必须与上层勾结，为上层所利用，才能上升为制度。黑田明伸（2007）将货币理论和其社会历史意义结合起来，认为中国各地的货币差别化地服务于特定交易层次，具有稳定性和合理性。铜本位依赖其空间上的统一性和时间上的一贯性而长期存在；纸质通货（钞和票）的产生与稳定的市场以及社会制度的兴旺紧密联系。与此观点相左，张杰（2009）指出，中国货币长期处于低值本位，其机理在于中国货币演进过程中的超经济因素。由于这种政治意志，导致便于巩固封建统治、与低收入低消费的小农经济相适应的"恋铜情节"的长期存在；银两作为商人的货币被压制，不能演变成为本位货币；贵金属始终作为赏赐和财政支出在上层流动；地方私铸币值混乱，地方政府从中渔利；纸币仅仅是缓解"钱荒"、维护铜本位的畸形的产物，没有起到信用货币的作用。直到民国时期，在西方势力的操作下，我国被迫实行了符合西方利益的"金汇兑本位制"下的法币制度，因为没有经历完整的货币本位的嬗递过程，决定了法币制度必然的失败。张杰（2009）还指出，人民币制度也没有经历金属本位层面和银行货币层面的货币转化，缺乏国际贸易和金融交易的基因，其国际化进程也会受到影响和制约。张杰善于运用制度金融学的分析范式，结合经济、文化、政治、社会多个角度，对中国货币本位变迁史有了深刻的剖析，这种分析方法值得借鉴。但是，不同国家的制度变迁往往遵循不同路径，制度的存在即是合理，中国历代纸币制度的产生和发展是多方复杂博弈的结果，是历史必然的选择，揭示我国历代纸币制度变迁中的协调性和必然性将是本书研究的重点。

1.3

研究内容与方法

1.3.1 研究的基本概念和内容

纸币制度是对纸质货币制定的相关货币制度。其中，货币制度是国家以法律形式确定的本国货币的流通结构、体系和组织形式，其研究的要素包括货币的材质、单位、铸造、发行、流通和管理等（孔祥毅，2002）。按照货币的币材不同，货币经历了"实物货币——金属货币——纸质货币——电子货币"这几个阶段，就纸币制度而言，主要包括纸币偿付、纸币发行和纸币流通三部分（见图1.3）。

（1）研究内容

本书研究的范围是中国历代政府针对纸币发行和流通制定的制度及历代纸币制度动态变迁的路径，侧重挖掘古代和近代纸币制度形成的原因和规律，为当今纸币本位制下的人民币制度改革提供启示。本书的研究内容是：

第一，归纳得到中国纸币制度变迁所遵循的路径。中国纸币制度的发展，经历了一个漫长的时期，历代政府都为纸币的发行和流通制定了一系列制度和规范，以北宋的"交子"制度，南宋的"会子"制度，金朝的"交钞"制度，元朝的"中统钞"制度，明朝的"大明宝钞"制度，清朝的"大清银行兑换券"制度为典型，直到民国时期的"法币"制度，纸币最终确立了唯一法定货币的地位，纸币取代金属成为本位货币，纸币制度也随之上升为本位货币制度。制度变迁强调的是，制度在历史发展过程中，如何用更高效率的规则取代更低效率的规则，纸币制度的变迁，遵循自我强化、并抑制自我背离的路径。按照阶段划分，我国纸币制度的变迁遵循"古代国家信用纸币制度——近代银行券制度——当代不兑现信用本位货币制度"这样一条特殊的路径，通过对前两个阶段纸币制度发展规律的探究，为当代纸币制度的改革提供启示。

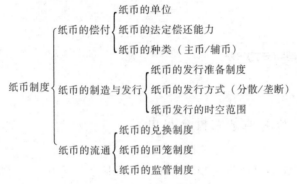

图 1.3　纸币制度的含义

第二，从内外两个层次探讨历代纸币制度变迁的协调规律。纸币的变迁受到金融协调规律的支配，是不断追求金融协调的产物。其中，第一个层次是纸币制度内部协调机理。我国纸币的发行由分散到政府垄断，之后经过相当长时间的自由发行，最终发行权统一到政府；由缺乏准备制度、分散流通于某一区域、有时间分界，逐渐演变为由统一的发行机构发行和管理、具有翔实的准备制度，在全国范围统一流通、无时间分界的制度，这都是纸币制度不断追求内部协调的产物。第二个层次是纸币制度与经济系统的外部协调。历代纸币制度实施之初，都对活跃商品交易、优化资源配置有积极的作用，这种作用伴随着纸币制度自身的完善而逐渐变强；到纸币制度实施的中期，其与当时的市场发展水平、市场交易制度、经济周期和财政状况出现了不适应性；到纸币制度实施的晚期，这种不适应性越来越明显，并最终导致相对落后的纸币制度被放弃。总之，历代纸币制度扬弃的实质，取决于纸币制度能否达到内外协调。

第三，发现历代纸币制度系统参与主体之间策略互动的实质。纸币制度之所以遵循特殊的变迁路径，出现协调和不协调交替进行的局面，根本上在于纸币制度系统内部政府和其他社会组织之间的策略互动。委托代理模型的构建，揭示了古代国家信用纸币制度系统、近代银行券制度系统内部，政府和其他社会组织之间的地位和关系，进而说明我国纸币制度系统的结构；博弈树模型的构建，说明在纸币制度变迁过程中的两个关键节点上，政府和其他社会组织是如何互动的，这样的力量角逐决定了纸币制度的走向，发挥着纸币制度系统的功能。定量研究我国纸币制度系统参与主体的互动关系，可以帮助我们更为清晰的理解我国纸币制度变迁路径背后的协调性与不协调性，进而从博弈均衡机制的角度，加深对我国纸币制度变迁路径形成原因的理解。

第四，提炼出纸币制度变迁路径背后的路径依赖机制。纸币本位制下的人民币制度遵循我国纸币制度变迁的路径依赖机制，通过构建因果回路模型，发现纸币制度系统变迁路径背后的正负反馈回路，提炼出路径依赖机制。这不仅可以帮助我们加深对人民币制度的理解，还能为国际化背景下的人民币制度改革提供新的思路。事实上，人民币制度改革的成功，实现了人民币制度的内外协调，诱发路径依赖机制中的正反馈机制，实现金融和经济的良性循环；同时，人民币制度的发展，会累积新的金融风险，导致人民币制度系统内外部的不协调，引致路径依赖机制中的负反馈机制，带来金融和经济的恶性循环，产生种种问题，诱发人民币制度又一轮的改革。当前人民币制度的改革也要遵循这种路径依赖机制，以实现正反馈机制为目标，制定详细可行的目标模式。

（2）研究目标

以中国纸币制度演变的历史事实为基础，发现我国纸币制度变迁遵循的路径；找出纸币制度子系统内部要素之间及其同金融系统、经济系统之间的动态协调规律；剖析得到我国纸币制度系统的结构和功能；抽象出纸币制度自我强化的路径依赖机制，在此基础上，从历史和制度的角度分析人民币制度改革的历史过程成败的原因，为当前人民币制度改革提供新的理论支撑，并确定改革的目标模式。

（3）拟解决的关键问题

在中国古代相对落后的经济发展水平下，为什么还会产生纸币？中国历代纸币制度变迁的路径是什么，其合理性和必然性是什么？中国历代纸币制度系统内、外部的协调性和不协调性是什么？中国特有的纸币制度系统的结构和功能是什么？中国纸币制度变迁的路径依赖机制是什么，为什么呈现出完全不同于西方的特点？对国际化背景下的人民币制度改革有什么启示？

1.3.2　研究的方法

在金融协调理论的指导下，借鉴新制度经济学常用的研究思路和研究范式，本书主要采用以下四种研究方法：

（1）历史归纳的方法

根据韩毅（2002）的研究，作为经济学中使用历史归纳演绎方法最早的先驱，李斯特主张从经济发展史中寻找规律，作为经济理论的基础，即"论从史出"；罗雪尔也认为经济史的研究不应该是按照时间序列简单地罗列，而是要运用经济学的方法分析和考查，反复地思考，即"史论结合"。诺斯的新制度经济史学将制度经济学与经济史的研究结合，强调对制度变迁的思考和分析。纸币制度变迁遵循"论从史出""史论结合"，既尊重史实，又用经济学的思维方法去批判性地分析史实，从经济史史实中归纳出经济学的规律。具体而言，宋代纸币在南宋政权覆灭后仍流通了一段时间才消失；金元末期的纸币由于严重的通货膨胀被迫退出流通；明朝政府使用银本位制度取代了纸币制度；清朝则是在内忧外患中将纸币的实际发行权同民间和外资金融机构分享；民国时期，自由发行的银行券制度成为纸币制度的代表。通过运用阶段特征概括法，分析不同阶段纸币制度的兴衰，可以提炼出纸币制度变迁的路径。

（2）金融协调的方法

金融协调的研究方法，主张以金融效率为研究中心，注重金融活动的效果；还主张紧紧围绕金融制度的变迁，牢牢把握金融效率，结合系统分析和动态分析的研究方法，关注金融活动的内部效应和溢出效应。对金融制度的研究，侧重金融制度内部要素之间，金融制度与其所处的金融系统、经济系统和社会系统之间的协调发展的一般规律。传统金融学理论中，效率主要指的是资本的运行效率，关注投资以及金融市场的操作和配置；现代金融学理论中，效率关注金融机构运用金融工具，在金融市场上进行的交易活动，不仅包括金融工具与金融机构的形式、性质、相对规模等金融制度结构因素，还包括在不确定的环境中，金融系统进行资源时空动态配置的因素。具体而言，本书在研究纸币制度时牢牢把握纸币制度演变过程中商品经济系统的发展变化，从内部和外部两个层次探讨不同类型纸币制度的协调性和不协调性，从动态的角度探讨这种协调和不协调的力量是怎么推动中国纸币制度变迁的，又是怎么决定中国纸币制度变迁的路径。

（3）新制度经济学的研究方法

正如同怀特研究货币制度与货币稳定性关系采用的方法，对中国纸币制度变迁路径的分析，要利用新古典经济学的方法，将制度的因素引入，分析纸币制度变迁所遵循的框架和结构。在分析中不仅要进行定性的理论推导，明确纸币制度变迁的金融协调方式，还应该十分重视数据的整理和收集，以及数量模型的运用，运用数理统计、博弈论和经济学模型的研究方法，从逻辑上严谨地证明这种协调方式。其中，本书着重采用了博弈论的分析方法，博弈论是研究经济活动中的行为主体之间策略互动的工具，常见博弈论的分类见表1.1。

表1.1　　　　　　　　　　　博弈论的常见分类

	双方是否有合作的可能	博弈的参与者是否能够获取对方用于决策的信息	博弈参与人是否同时决策
是	合作博弈	完全信息博弈	静态博弈
否	非合作博弈	非完全信息博弈	动态博弈

货币制度的改革有时是建立在政府和其他社会组织双赢的基础之上的，有时则是两者利益的零和博弈。将博弈论用于剖析政府和其他社会组织策略互动的实质，是诺思倡导的一种很好的研究方法。在我国纸币制度的研究中，大部分时候信息是彼此公开透明的，是完全信息博弈，运用博弈论分析的关键在于对占优策略和纳什均衡的把握。其中，占优策略是指对于博弈的一方而言收益最大的策略选择组合；纳什均衡是指两个参与人同时达到利益最优的状态，此时任何参与人单独改变自己的策略都不会带来好处。纸币制度的动态博弈研究中，纳什均衡体现在子博弈纳什均衡上，也就是在每一个时点上双方都能达到纳什均衡的状态（李帮义，王玉燕，2010）。

（4）复杂系统分析范式

20 世纪兴起的系统论一面着眼于系统内部相互作用、相互依存、相互制约的组成分子之间的物质、能量、信息的交互，一面关注这种交互关系对系统整体和系统所在环境的影响（舍伍德，2002）。不同于传统的线性观点，在系统论中，联系的概念是非线性的、动态的、开放的（杨硕英，2002）。哈肯在 1969 年提出"协同学"，站在整体的视角上研究系统内部和系统之间既竞争又合作的关系，通过产生时间、空间和功能的耗散结构进而产生了自组织行为。作为金融系统的一个子系统，纸币制度系统处于一个复杂、开放的环境中，与金融系统的其他子系统、经济系统乃至社会系统相互作用。本书遵循系统论和结构论的思考方法，通过局部建立系统动力学模型（如因果回路图和存量流量图），对金融、经济和社会系统进行仿真，揭示纸币制度系统各个要素之间，子系统之间的正反馈和负反馈的相互关系（刘超，2011）。在此基础上，剖析纸币制度系统变迁路径背后是否存在着规模报酬递增和自我强化机制，是否存在着路径依赖，给人民币国际化背景下的人民币制度改革以启发。

1.4
主要工作和创新

西方纸币的产生和发展被认为是信用货币取代实物货币的结果，由于交易的频繁，纸币成为金属货币的代表，之后又逐渐与金属脱钩，被国家通过立法垄断发行。与此不同，中国的纸币在产生之初，既离不开金属本位制，又有效地弥补了"钱荒"，金属货币和纸质货币合作竞争的状况持续到明清，先是银本位制度胜出，后是法币制度确立，纸质货币被确定为唯一法定货币，最终完全取代了金属货币。我国纸币制度系统的产生和发展有其独特性、必要性和合理性。

本书的主要工作如下，第一，分阶段、分类别探讨中国纸币制度演变的整个历史过程，运用动态的、系统的视角明确了中国纸币制度变迁的步骤和遵循的路径。第二，定性分析我国纸币制度变迁过程中的协调性因素和不协调性因素，阐释了中国纸币制度变迁路径背后的金融协调原理。第三，通过构建委托代理模型和博弈树模型，定量分析了政府和公众相互博弈作用下，中国纸币制度变迁路径形成的原因，明确纸币制度变迁过程中的策略互动及其实质。第四，将制度系统理论和纸币制度相结合，运用系统论分析纸币制度系统变迁的路径依赖机制，为人民币国际化背景下的人民币制度改革提供启示。

本书从制度的角度研究中国纸币的历史，填补了相关领域的空白。也就是说，本书独创性地将金融协调理论应用到中国纸币制度的研究和分析当中，首次运用系统、协调、博弈的方法分析中国纸币制度的变迁原因和相关利益主体的策略互动，从金融史的角度为国际化背景下的人民币制度改革提供相关的政策建议。

具体而言，本书的主要创新点如下：第一，研究视角较为新颖。之前对于纸币制度的研究，更多地采用静态的分析方法，侧重梳理历代关于纸币的制度安排，对纸币制度自身的变迁不是十分关注。本书从传统的静态分析上升为对我国纸币制度变迁的动态分析，运用金融协调理论主张的阶段性特征概括法，将我国纸币制度的演变过程分为"古代国家信用纸币制度、近代银行券制度和当代不兑现信用本位货币制度"三个阶段，揭示了这三者之间的层层递进关系，抽象出其变迁的路径，运用系统的观点和动态的观点重新审视中国纸币制度的演变过程，明确人民币制度遵循怎样的变迁路径。第二，研究方法较为新颖。之前的研究更多地采用历史归纳的方法对纸币制度的内容进行具体描述，本书创新性地采用金融协调和博弈论的方法，对纸币制度变迁背后的原因进行了定性和定量两方面的抽象和探讨。这不仅揭示了变迁背后内外协调和不协调两种力量的作用机理，还揭示了中国纸币制度系统内部参与主体之间策略互动的实质，得到博弈均衡解。在充分理解中国纸币制度系统变迁原因的基础上，把握"政府信用"和"纸币价值稳定性"这一对关键变量之间的正相关关系并进行扩展，归纳得到因果回路系统模型，阐释我国纸币制度变迁背后的路径依赖机制，为人民币制度新一轮的改革提供了启示。

1.5
本书的基本结构

本书研究的时间范围是从纸币产生的北宋直到当代。本书遵循两条基本线索，一条线索是以朝代为经，通过纵向划分纸币制度演变的阶段，概括归纳出纸币制度的变迁路径，在此基础上，分析其背后的路径依赖机制，并探讨未来人民币制度改革的目标模式；另一条线索是以金融协调理论和新制度经济学理论为纬，定性分析历代纸币制度系统内部各个要素之间及其与外部经济系统的协调与不协调的关系，并通过构建博弈论模型，定量分析纸币制度系统的结构和功能，从而深刻地揭示我国纸币制度系统变迁路径产生的原因。正如熊彼特指出的那样，纸币制度的每一次创新依存于之前的经济发展水平，影响当前的经济效率，又为下一次的创新做好了准备，这两条线索在本书的研究中交叉进行、逐步深入，遵循图1.4所示的研究思路。

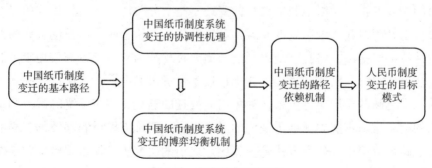

图1.4　本书的研究思路

　　具体而言，第 1 章绪论主要介绍中国纸币制度变迁研究涉及的基本概念、研究目的、研究意义、相关文献、研究思路、框架方法与创新点。第 2 章分阶段、分类别地介绍了中国纸币制度的演变历程，归纳得到我国纸币制度变迁的路径。第 3 章运用金融协调理论，探讨纸币制度变迁进程中的内部协调性问题和外部协调性问题，从定性的角度得到我国纸币制度路径形成的原因。第 4 章通过构建简单委托代理模型和双重委托代理模型，探讨古代国家信用纸币制度和近代银行券制度这两种模式背后的纸币制度系统的结构。通过构建博弈树模型，探讨政府和公众竞争合作结构下纸币制度系统的功能。在更为深刻地理解协调性机理的基础上，抽象得出我国纸币制度路径形成的原因。第 5 章探讨了我国纸币制度路径形成过程中存在的路径依赖机制，人民币制度的改革也遵从我国纸币制度变迁的路径依赖机制；在分析目前人民币制度存在缺陷的基础上，提出能够诱发正反馈的人民币制度改革的目标，并提出了具体的建议。

第 2 章

中国纸币制度系统的变迁

　　本章主要采用历史的阶段特征概括法，分析我国纸币制度的演变过程，通过分阶段讨论我国纸币制度系统演变的过程，最终得到我国纸币制度变迁的路径。在对纸币制度进行阶段性划分的过程中，本章着重考虑了以下因素：

　　第一，对于纸币制度阶段的划分，要基本符合对我国历史阶段的基本划分，符合每一个历史阶段的经济、政治和社会的基本特征；

　　第二，不同时期商业经济的发展水平，交换规模和交换程度的发展；

　　第三，纸币制度广度和深度的变化，纸币制度与商品交换程度的不协调性带来了纸币制度的创新，这种制度的创新构成了纸币制度变迁的主线。

　　按照纸币制度性质的不同，在大致符合我国历史阶段基本划分的基础上，结合我国纸币制度进化的实际，可以将我国的纸币制度分为古代国家信用纸币制度、近代银行券制度以及当前具有中国特色的不兑现信用本位货币制度三大发展阶段（见图 2.1）。

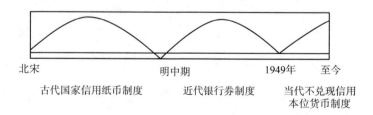

| 北宋 | 明中期 | 1949年　至今 |

古代国家信用纸币制度　　　　近代银行券制度　　　当代不兑现信用
　　　　　　　　　　　　　　　　　　　　　　　　　本位货币制度

图 2.1　中国纸币制度历史阶段划分

　　在明确了纸币制度演变历史阶段定位的基础上，纸币制度怎么从一个阶段演变到另一个阶段，这个演变过程就是变迁的阶段性体现。其中，每个阶段又可以分为若干个步骤，每个步骤又分为若干个标志性的事件。在分步骤的讨论中，首先介绍商业经济的状况，商品交易通过影响信用水平，从根本上决定了纸币的发展阶段；运用金融协调理论这种动态的方法来分析我国纸币制度变迁的过程，从发现纸币制度形成初期和商品交易之间存在的不协调入手，说明这种不协调性推动了纸币制度的改革；接着说明新的纸币制度虽然较好地协调了之前存在的问题，但同时带来了新的问题，这又推动纸币制度向新的方向改革，纸币制度的发展演变是不断追求金融协调的过程。

2. 1

古代国家信用纸币制度阶段

古代国家信用纸币制度是以国家信用为基础的、强制流通的、事实上不可兑现的纸币制度。这一阶段纸币制度的特点在于，第一，不足值准备软约束；第二，以国家信用为基础；第三，与财政收支状况息息相关。古代国家信用纸币制度产生于北宋，于明初被废止，经历了"产生——发展——全国推行——名存实亡"的生命周期。

2.1.1　古代国家信用纸币制度的产生

从公元960年北宋建立到公元1279年南宋灭亡，两宋绵延三百二十年，从时间上覆盖了辽、金、西夏若干朝代。但是，两宋的纸币制度一脉相承，是我国古代国家信用纸币制度的初级形态。因此，本书将两宋的纸币制度作为一个整体，探讨古代国家信用纸币制度的产生。两宋时期，纸币发端于民间的交子，后变为十六户联合发行，之后被国家垄断，经历了一个从下往上又从上至下的变革。

（1）背景——商业繁荣与金属铸币的不足

宋朝是古代商业形态转折的阶段，这一时期在自给自足的家庭经济形式的基础上，封建商品经济得以发展，从原始的粗放的交换方式发展到较为普遍的商品贸易阶段。宋代的商业发展呈现出供需两旺的局面，从需求的一方来讲，可供交换的商品种类和总量都得到了大幅度的提高。"商贾通殖货财，交易有无，不过服食、器用、米粟、丝麻、布帛之类"①，交易的种类涵盖服装、粮食、器物和日用品，其中仅服装一项，就可以分为丝麻布帛，集中反映了当时用于交换的商品种类的细分程度。从供给的一方来讲，为了更好地满足市场的需求，出现了更为细致的专业分工，专业化使得商品的供给量大为增加。"县治城中民以织作为生，号称衣被天下，故尤富"②，为了满足涵盖"天下"之大的商品需求，出现了专门"以织为生"的生产者；专业化的分工带来了社会生产效率的极大提高，创造出更大的财富，反之居民收入的提高，又会增加对商品的需求，进一步促进生产的专业化分工，使得交换范围进一步扩大。

城市是交换的产物，这一时期，更为稳固的草市、镇市和墟市制度取代坊市制度，逐渐形成了"辐射全国的都会——区域中心城市——地方城市"的市场结构。旺盛的交易促进了城市的形成，而大批城市人口的出现，带动了商品交易供需两旺局面的持续和发展。"南市在城外，沿江数万家，廛闬甚盛，列肆如栉，酒垆楼栏尤壮丽，外郡未见其比。盖川、广、荆、襄、淮、浙贸迁之会，货物之至无不售，且不问多少，一日可尽。"③ 南市的商品生产覆盖川、广、荆、襄、淮、浙等地，市场规模达到"数万家"，交易规模"廛闬甚盛，列肆如栉"。

商品经济的发展，带来货币制度与商品交换的不协调，主要表现为"钱荒"。在宋朝，与商业繁荣形成鲜明对比的是铜钱的不足，时人张方平指出："比年公私上下并苦乏钱，百货不通，人情窘迫，谓之钱荒"④。当时的钱荒遍布全国，"公私上下"，导致"百货不通"的窘境。早在宋太宗太平兴国年间（公元976～公元984年），就有关于"钱荒"的描述："是时，以福建铜钱数少，令建州铸大铁钱并行"⑤。公元1000年（宋真

① （元）脱脱. 宋史，卷329，邓绾传［M］. 北京：中华书局，1985.
② （宋）刘敞. 公是集，卷51，先考益州府君行状［M］. 北京：商务印书馆，1937.
③ （宋）范成大. 吴船录［M］. 杭州：浙江人民美术出版社，2016.
④⑤ （元）脱脱. 宋史，卷180，食货志下［M］. 北京：中华书局，1985.

宗咸平三年），据田锡记载，"江南、两浙等处，彼中难得钱"①。其中，尤以四川地区的"钱荒"为甚，当时有价值多达数百万的商品运送到四川地区②，使"钱荒"现象在四川地区尤为突出，这种不协调直接推动了交子制度在四川地区的产生。

（2）交子产生的直接原因

商业繁荣和金属货币的不足成为交子产生的间接原因，而世界上最早的纸币——交子恰好在北宋时期的四川地区产生，这有其特殊的直接原因：

第一，铁钱的使用极大地提高了交易成本。为了解决发达商品贸易与货币数量不足之间不协调，政府第一个尝试是使用铁取代铜作为货币的材质，最初铁钱和铜钱的比例是 1：9，之后达到 6：4③，铁钱的使用从边界逐渐扩展到了城市，流通的范围和使用的覆盖面都有所增加。然而，铁钱自身较低的价值与商品交易之间出现了不适应，首先，铁钱不便于携带，据记载，四川的铁钱小钱重 6.5 斤，大钱重 12 斤，"街市买卖至三五贯文，即难以携持"④；其次，铜币和铁钱的比价不稳定，当时多使用铜钱上供，官府大量铸造铁钱交换民间的铜钱，导致物价高昂。这两点导致使用铁钱进行交易的交易成本很高、交易效率很低。

第二，四川地区发达的民间信用。四川物产丰富，号称"天府之国"，但同时"蜀道难，难于上青天"，由于地处四川盆地，导致交通十分不便。在这样双重因素的共同作用下，当时四川地区的民间信用比较发达。一方面，四川地区商业发达，为私交子的产生奠定了信用基础。频繁的商品交换促进了商业信用的发展，客观上产生了对信用工具的需要，交子的产生具有了必然性；而数目众多的富商往往有雄厚的资本，可以作为发行交子的商业信用保证，这为交子的产生提供了可能性。另一方面，交通不便促使信用工具的产生和频繁地使用，为交子的使用和推广奠定了前

---

① （宋）李焘. 续资治通鉴长编，卷 46 [M]. 北京：中华书局，2004.

② （梁）沈约. 宋书，卷 45，刘粹传 [M]. 北京：中华书局，1974.（"远方商人多至蜀土资货，或有直数百万者"）.

③ （明）曹学佺. 蜀中广记，卷 67，方物 [M]. 北京：四库馆，1868.（"增铸铁钱于外郡，边界参用，每钱千，分四百为铜，六百为铁"，后"逮至末年，流入成都，率铜钱十分杂铁钱一分"）.

④ （宋）李攸. 宋朝事实，卷 15，张若谷、薛田语 [M]. 北京：中华书局，1955.

期基础。据记载，"有士鬻产于外，得钱数百缗，惧川途之难赍也，祈所知纳于公藏，而持牒以归，世所谓'便换'者，置之衣囊"①，根据前人的研究，此处的"牒"指的是一种异地兑换的票券，这种票券在使用过程中的能够相互抵用，直接促成商办私交子的产生。

（3）古代国家信用纸币制度的产生

两宋期间的纸币制度是古代国家信用纸币制度的初级形态，其发展历程主要包含以下五个标志性的事件：

第一，商办私交子（公元 998 ～ 公元 1023 年）。

世界上最早的纸币——"交子"，最初由四川地区的富商发行，"初，蜀民以铁钱重，私为券，谓之交子"，然而，民间的交子"奸弊百出，狱讼滋多"。后过渡到十六户联合发行，"祥符中，张咏镇蜀，角铁钱之重，设质剂之法，一交一缗，以三年为一界，使富民十六户主之"，逐渐被用于各商人买卖粮食、缴纳税款和日用品交易中，一度成为广泛流通的货币，最多时数额可达到几百万贯②。然而，"交子铺"的商人在收到现钱的时候，或者用在别处，或者经营不良而赔本，或者投机不善而亏空，导致交子不能及时兑现、出现挤兑，仅仅依赖商业信用，不足以维持交子价值的稳定，于是政府决定以官办代替商办。

第二，从交子制度到钱引制度（公元 1023 ～ 北宋末年）。

公元 1023 年（宋仁宗天圣元年）11 月，北宋政府设立了益州交子务，次年 2 月发行官交子，标志着国家发行的纸币由此开始，北宋的纸币制度发展进入新的阶段。公元 1105 年（宋徽宗崇宁四年），为了应付全国普遍存在的"钱荒"现象，政府将纸币的流通区域从四川扩大到北方，并将"交子"更名为"钱引"。"假四川提举诸司封桩钱五十万缗为成都务本，侵移者准常平法"③，表明由于政府的财政困难，"钱引"并没有足够的发行准备，政府采用行政命令的方式强行推广，"令输官之引，以十分为率，三分用民户所有，而七分赴官场买纳"。对于没有发行准备的钱

---

① （唐）赵璘. 因话录，卷 6，羽部 [M]. 北京：商务印书馆，1941.
② （宋）李焘. 续资治通鉴长编，卷 59 [M]. 北京：中华书局，2004.
③ （元）脱脱. 宋史，卷 181，食货志下 3 [M]. 北京：中华书局，1985.

引，"民以七分为疑"，加之其发行制造的不统一，导致"诸州则有料次交杂之弊"①，后于公元 1128 年（宋高宗建炎二年）通归成都府府务，从全国范围又缩小至仅在四川流通。

第三，南宋的会子制度（公元 1160～公元 1276 年）。

南宋的纸币——"会子"起初也是民间发行，公元 1160 年（宋高宗绍兴三十年）2 月，将临安会子的发行权收归政府，7 月会子由户部接办、掌管会子的发行事宜。公元 1161 年（宋高宗绍兴三十一年）2 月专设会子务，将四川的钱引之法，推行到两浙、淮河、湖北、京西等地，会子逐渐取得南宋统治区的法币资格。会子最初以十万贯为准备金，面额分为一贯、五百文、三百文、二百文四种。公元 1168 年（宋孝宗乾道四年），规定会子三年为一界，每界发行限额为一千万贯。界满时以旧换新，收换时每贯收"靡费钱"二十文。绍兴年间还发行过银会子，面额为一钱银，每年换发一次，为了便于流通，银会子面额较小（高聪明，1999）。

第四，会子的贬值与"钱荒"。

会子被国家垄断在全国推行之后，出现了纸币贬值的问题，带来了金融风险，同样表现为"钱荒"。如果说纸币产生之前，"钱荒"的主要原因在于政府铸造铜钱的数量不足以应付日益增长的商品交易需要，纸币产生之后的主要原因在于铜钱的外流和沉淀，流通领域出现劣币（纸币）驱逐良币（铜币）的现象。具体而言，一表现为纸币的贬值。宋宁宗时陈耆卿说："夫有钱而后有楮，其楮益多，则其壅底（滞）益甚"，反映了流通额很大，导致纸币贬值进而流通受阻的情形。② 二表现为铜钱的贮藏，"钱荒"愈演愈烈。官府，特别是京师贮藏了许多铜钱。公元 1014 年（宋真宗大中祥符七年）知益州凌策讲："诸路钱岁输京师，四方由此钱重而货轻"③，宋神宗时吕陶说："现钱大半入官，市井少有转用"④，从不同的角度描述了官府贮藏铜钱的现象。民间也将铜钱作为财富而贮藏，苏辙说："官库之钱，贯朽而不可校，民间官钱，搜索殆尽。市井所用，

---

① （元）脱脱 . 宋史，卷 181，食货志下 3［M］. 北京：中华书局，1985.

② （明）黄淮，杨士奇 . 历代名臣奏议，卷 273［M］. 上海：上海古籍出版社，2012.

③ （元）脱脱 . 宋史，卷 180，食货志下 3［M］. 北京：中华书局，1985.

④ （宋）吕陶 . 净德集，卷 1，奏乞放免宽剩役钱状［M］. 北京：中华书局，1985.

多私铸小钱，有无不交，田夫蚕妇，力作而无所售"，反映了这种现象。简言之，"钱荒"的原因在于"鼓铸不登，渗漏不赀，鈺销日蠹，私家藏匿"。

第五，称提之术与钱会中半。

南宋政府为了维持会子信用，防止会子贬值，收缩其流通额、维持其价格，采取了称提之术和钱会中半两个办法。所谓称提，是用茶盐钞引、度牒、实物和金属货币兑换和回笼多余的纸币；与"称提之术"配合的"钱会中半"是为了保证政府铜钱的收入。钱会中半的目的是"使民之视铜如楮，视楮如铜，此其原没有正在乎下，而正在乎上"，采取的办法是购买茶引、盐引等票据的时候强制规定使用一部分铜钱，以限制铜钱的私藏，刺激铜钱的流通。最初官府征收铜钱和会子的比例是 5∶5[①]，之后达到了 7∶3[②]。

总之，纸币制度在产生之初，官办取代私办，解决了交易中货币量不足的问题，却带来了铜钱沉淀的新问题，这督促政府不断地进行纸币制度的创新。

2.1.2 古代国家信用纸币制度的发展

辽金西夏时期，汉族政权和少数民族政权并立，期间相对频繁的战事需要源源不断的物资来支援，最直接的货币表现就是对铜钱的追逐、铜钱的沉淀和贮藏的加剧上。事实上，当时宋朝铸造的钱币为宋、辽、夏、金共用，这些并立的政权处于同一个货币体系当中，宋人刘挚甚至认为，铜钱的流动导致四夷能够不劳而获[③]。对铜钱的争夺伴随着对纸币的依赖，其中，只有金朝建立了相对独立完善的纸币制度，与两宋的纸币制度体系

---

① （宋）杨冠卿. 客亭类稿，卷9，重楮币说［M］. 北京：四库馆，1868.（"今为之法曰：吾之楮与铜初无轻重也，将阿将以相权而行也。自今日以往，凡远近之输于公者，钱楮各半，否则不纳也。如是，则非特近者重之，而远者亦重之，远者重则近"）.

② （元）脱脱. 宋史，卷180，食货志下3［M］. 北京：中华书局，1985.（"五年，令行在榷货务、都茶场将请算茶、盐、香、矾钞引，权许收换第一界，自后每界收换如之。其州县诸色纲钱，以七分收钱，三分收会。九年，定捕造伪会之赏"）.

③ （宋）吕陶. 净德集，卷1，奏乞放免宽剩役钱状［M］. 北京：中华书局，1985.

相比，由金政府主导的纸币制度，经历了从上往下的变革，是我国古代国家信用纸币制度的升级和发展。

（1）金属铸币供需不匹配的加剧

金朝占领华北前，当地商品经济已经有所发展，形成了由城市、镇市和墟市构成的、多层次、网络状的地方市场，并出现了由若干个地方市场形成的区域性市场，此外，金朝统治者还积极致力于恢复辽宋故地的商品经济。在燕京、汴京、上京等城市的建立和带动下，女真族迅速完成了从原始的交换阶段到商品贸易阶段的转变。金朝的对外贸易也较发达，宋金贸易自公元 1142 年（宋高宗绍兴十二年）"绍兴和议"后，有了明显发展，双方贸易的形式主要有贡使和榷场两种，西夏对金的贡品有马匹、海东青等，金对西夏的回赐有银、币帛、绢、貂裘、绫罗、布帛、金带、金镀银束带、金涂银鞍辔、金涂银书匣等；榷场贸易是以盱眙和泗州为中心的，金主要以马匹、丝帛交换夏的珠宝等物。

与繁荣的商品交易相对应的是，金铸造铜币的成本高昂，且金国的铜币根本无法满足日益增长的财政和市场交易的需要。辽宋金之间的战争，加剧了铜钱的沉淀和贮藏，这也成为金朝选择纸币的主要原因。特别是公元 1161 年（金海陵王正隆六年）之后，由于持续的对宋征战，导致国库空虚、铜币不足、出现较为严重"钱荒"，当时的金朝统治者尝试采用"开源"和"节流"两种办法充实国库。"开源"是指通过增税回笼铜钱以及积极铸造铜币两种途径，"节流"是指减少奢侈消费，使用实物货币发放俸禄等。但这样的政策却没有缓解民间铜钱的不足和私铸的盛行，为了稳定市场，政府只好投放良质铜币回收劣质铜币，然而，"今中都岁费三百万贯，支用不继"①，金朝的"钱荒"没有得到彻底地解决，反而愈演愈烈。

（2）古代国家信用纸币制度的发展

金代的纸币制度是古代国家信用纸币制度的中级形态，其发展历程主要包含以下四个标志性的事件：

第一，停铸铜币与废除交钞分界。

交钞，最开始是一种异地支付的期票，主要是为了方便从事长途贸易

---

① （元）脱脱．金史，卷48，食货3［M］．北京：中华书局，1975.

的商旅使用。作为一种有价证券，交钞这种票据具有交易费用低廉、储备金比例要求较低、普遍接受和信用高的特征，简而言之，交钞能够以较小的准备金获得较大的流通量。面临商品交易和铜钱不足之间的不协调，公元 1153 年（金海陵王贞元元年），金政府将交钞用于财政开支，交钞由大钞和小钞组成，各分五等①，可以说，金朝政府是充分考虑了交钞的可接受性、信用度以及交钞对节约财政支出的有效性之后，才赋予交钞国家法定纸币的地位。金章宗即位以后，主张汉化，这种汉化不仅体现在文化礼仪制度的改革上，还体现在对交钞法定货币地位的进一步确立上。尽管时人认为交钞是"盖亦以铜少，权制之法也"，故"时有欲罢之者"，但金章宗则清楚地认识到交钞给政府和社会带来的好处，坚决维护交钞的法定地位，并通过停铸铜币、增发交钞、废除交钞七年界限的办法，增强交钞的信用和贮藏价值。其中，"削七年厘革之法"的目的是"令民得常用"，使民间"不能无疑"②。然而，"法自此始，而收敛无术，出多入少，民浸轻之。厥后其法屡更，而不能革，弊亦始于此焉"③，废除交钞七年界限，政府不能通过新旧钞票的兑换控制交钞的流通数量，从而使得交钞的发行数量大于回笼的数量，再加上金章宗停铸铜币后增发交钞，交钞出现了轻微的贬值。

第二，强制将交钞用于财政收支。

出于"民间钞多，宜收敛"的考虑，在财政收入的形式上，公元 1197 年（金章宗承安二年），金政府已经准许民间使用交钞交换盐引，"赴榷货出盐引，纳钞于山东、河北、河东等路，从使易钱"，公元 1199 年（金章宗承安四年），开始用交钞计量、征收专卖税和商税；之后，甚至把税种扩大到盐钱，"院务课程及诸窠名钱须要全收交钞，秋夏税本色外，尽令折钞"，这样做收到了良好的效果，"农民知之，迤渐重钞"。在

---

① （元）脱脱. 金史，卷48，食货3 [M]. 北京：中华书局，1975. （"初，贞元间既行钞引法，遂设印造钞引库及交钞库，皆设使、副、判各一员，都监二员，而交钞库副则专主书押、搭印合同之事。印一贯、二贯、三贯、五贯、十贯五等，谓之大钞；一百、二百、三百、五百、七百五等，谓之小钞。与钱并行，以七年为限，纳旧易新。犹循宋张咏四川交子之法而纡其期尔，盖亦以铜少，权制之法也"）.

②③ （元）脱脱. 金史，卷48，食货3 [M]. 北京：中华书局，1975.

财政支出的形式上，政府开始使用银、钞票支付军费，"给官兵俸及边戍军需，皆以银钞相兼"①。政府通过财政收支的形式，赋予交钞强制的法定流通力使交钞的使用范围扩大到了商人、军队和农民。

第三，推行越来越严格的限钱法。

公元 1194 年（金章宗明昌五年）三月，金政府采取了限钱法，目的是稳定币值、回收铜钱的同时刺激交钞的流通。当时的宰相认为，钱荒的原因在于"以官豪家多积故也"，故制定限钱的标准："官民之家……多不过二万贯，猛安谋克……不得过万贯。"② 公元 1195 年（金章宗明昌六年）至公元 1198 年（金章宗承安三年），期间蒙金交战频繁，增加的军费不得不依靠交钞的增发，交钞进一步贬值。面对当时"时既行限钱法，人多不遵"的情形，金政府进一步严格标准，规定北京、临潢、辽东、西京等地一贯以上用纸币交易③，之后数额范围又扩大到一贯以下。公元 1204 年（金章宗泰和四年）之后，战事频繁、军费日增，铜币贮藏的不足，无疑动摇了统治的根基。因此，金政府实施了更严格的"以交钞购买蓄钱"的政策，提高了钞钱的比例、限制了工墨费的征收、提高了限钱的数额，并把交钞的流通与否，作为考核官吏职务升迁的重要指标，强制民间多余的蓄钱与官府兑换交钞④。

第四，改革交钞兑换制度。

金政府学习宋政府，借鉴"称提之术"，创新性地使用了大、小钞兑易法，还设置了政府回易务，用绵绢回收交钞；为了便捷交钞的流通，"又更造一百例小钞，并许官库易钱"，规定其与大钞的兑换比例，使用银与小钞替代铜钱回收大钞，以防止通过兑换而向市场投放铜钱。其中，1 贯、2 贯以内的大钞要全部兑换小钞，3 贯大钞兑换 1 两银加 1 贯小钞，5 贯、10 贯大钞兑换的小钞、银的比例要达到 4∶6，还明确规定了"有阻

---

①②③　（元）脱脱. 金史，卷48，食货3［M］. 北京：中华书局，1975.

④　（元）脱脱. 金史，卷48，食货3［M］. 中华书局，1975.（"民间之交易、典质，一贯以上并用交钞，毋得用钱。须立契者，三分之一用诸物。六盘山西、辽河东以五分之一用钞，东鄙屯田户以六分之一用钞。不须立契者，惟辽东钱钞从便。犯者徒二年，告者赏有差，监临犯者杖且解职，县官能奉行流通者升除，否者降罚，集众沮法者以违制论。工墨钱每张止收二钱。商旅赍见钱不得过十贯。所司籍辨钞人以防伪冒。品官及民家存留见钱，比旧减其数，若旧有见钱多者，许送官易钞，十贯以上不得出京"）.

滞及辄减价者罪之"①。通过以上的努力，交钞不仅成为了一个全国流通的货币，而且其价值得到了逐步的稳定，"军兴以来，全赖交钞佐用，以出多遂滞，顷令院务收钞七分，亦渐流通"②。

(3) 交钞制度的瓦解与崩溃

公元 1211 年（金卫绍王三年），蒙古军对金发起进攻，公元 1215 年（金宣宗贞祐三年），中都被攻陷。公元 1217 年（金世宗大定元年），西夏也开始进攻陕西，金政府"北有强敌，南有怨邻，国土日蹙，生产凋敝"③。为缓解燃眉之急，金政府开始大规模地滥发纸币，交钞制度开始瓦解与崩溃，具体包括以下三个标志性事件：

第一，增加交钞的发行量和面额。

金政府设置"随处交钞库钞纸坊"，加大了黄河以北、陕西地区战区的纸币造印力度。金宣宗也发行大面值交钞，"又造二百贯至千惯例者"，加速了交钞的贬值，表现为"交钞一十贯不抵钱十文用者"④，"钞每贯仅直一钱，曾不及工墨之费"⑤。之后，金政府又屡次改发新钞，如宝券、通宝以及面额更大的兴定宝泉，均难以流通。

第二，限价政策和限路发行。

"宝券初行时，民甚重之。但以河北、山西诸路所支既多，人遂轻之"⑥，金政府天真地以为，政府可以使用行政命令的手段强制规定纸币的价值。宝券行使之初，金政府曾一度实行限价政策，"令民间市易悉从时估，严立罚赏"，然而，限价带来的是物资的匮乏和市场的凋敝，"京师之物指日尽，而百姓重困也""市肆尽闭""商旅不行，四方之物不敢入"。金政府还提议对纸币行使限路发行。为了防止商人的套利行为，维持中央新政府所在地河南的经济秩序和钞值稳定，金政府主张"若令宝券路各殊制，则不可复入河南，则河南金银贱而谷自轻"⑦。然而，限路使用加剧了战区的通货膨胀，河南宝券也因流通范围缩小，出现贬值、流通速度迟缓的现象。人民"悉力以奉军而不足"，只有逃亡而已。

---

①②⑤⑥⑦ （元）脱脱. 金史，卷48，食货3 [M]. 北京：中华书局，1975.

③ 乔幼梅. 金代货币制度的演变及其对社会经济的影响 [J]. 中国钱币论文集，1985：242 - 292.

④ （金）刘祁. 归潜志，卷10 [M]. 北京：中华书局，1983.

第三，全面禁止铜钱流通。

金章宗以后，金政府坚定推行限钱法，从客观上限制了铜币作为支付手段、流通手段和缴纳租税的手段，金市场上也出现了劣币（纸币）驱逐良币（铜钱）的现象，许多铜币被贮藏或是被销熔成铜器。与蒙古开战之后，由于纸币持续的恶性贬值，导致市场上对铜币的需求大幅增加。"今十贯例者民间甚多，以无所归，故市易多用见钱"[1]。为了严格稳定纸币的价值，金开始全面禁钱，迫使铜钱退出流通领域。这加剧了铜币的走私、销熔，大量铜流向南宋，导致铜钱出现外流、纸币失信的情形。民间开始用银替代铜和钞进行交易，金政府一方面不得不接受了银的货币地位，另一方面却又限制银的流通[2]。金末，银虽然逐渐占据了主要流通手段的地位，但其实质不过是"权益之制"，并不是"经久之法"[3]。伴随着金的节节败退，公元 1233 年（金哀宗天兴二年），金哀宗逃到蔡州后还发行过一种以银为基础的纸币"天兴宝会"，失去国家信用保证的纸币形同废纸，到天兴三年正月金亡，只经历了短短三个月的时间。

总之，在古代国家信用纸币制度发展的过程中，政府逐步减少了铜钱的数量并采取了限钱法，解决了"铜纸之争"的问题，却带来了纸币信用保障的新问题，这督促政府采取财政收支强制用钞、改革交钞兑换制度等措施。动用国家信用保证，虽然能够稳定纸币的价值，但也带来了无限滥发的可能，这推动古代国家信用纸币制度在元朝得到进一步的改革。

2.1.3　古代国家信用纸币制度在全国推行

公元 1279 年（元世祖至元十六年），元朝消灭南宋最后一支抵抗力量，忽必烈结束了长达三百七十多年的分裂局面，又一次完成了中国的统

---

① （元）脱脱. 金史，卷48，食货3［M］. 北京：中华书局，1975.

② （元）脱脱. 金史，卷48，食货3［M］. 北京：中华书局，1975.（"银一两不得过宝泉三百贯，凡物可直银三两以下者不许用银，以上者三分为率，一分用银，二分用宝泉及通货、重宝"）.

③ 高桥弘臣. 宋金元货币史研究［M］. 上海：上海古籍出版社，2010，118.

一。元朝的纸币制度是我国古代国家信用纸币制度的顶峰，代表了古代国家信用纸币制度的成熟阶段的最高水平。

（1）背景——元朝统一市场的建立

元代统一的政权以及幅员辽阔的国土，为大规模的商业活动的开展提供了前提和保证，大规模的商业活动又导致了商业资本的积累，甚至出现了商业资本渗透的雇佣手工作坊，这表明元代商业发展水平已经达到了新的高度。在元代交通比较发达，不仅有完善的驿传制度，还有更为发达的河运、漕运和海运，南北物资交流畅通无阻；在元代，经商的人数也逐渐增多，"舍本农、趋商贾"的风气很盛，还出现了举世闻名的港口，例如当时泉州海外贸易的盛况，马可·波罗描述了"印度一切船舶运载香料及其他一切贵重货物"以及南方商人的货品，都选择泉州作为目的地①，伊本·白图泰也把泉州港描述为世界最大的港口之一②。

元朝商品经济最大的特点在于政府对商业的控制和垄断。首先，重要的商业集中在政府和贵族、官僚、色目商人的手里，汉族商人也必须通过贿赂等手段与政府官员勾结，才能把生意做大做久；其次，政府实行"回易库"制度，对国内许多商品采取了专利型的垄断政策，或是直接垄断关系国计民生的商品的经营，如茶、盐、铅、锡等，或是间接控制重要商品的经营，如金、银、铜、铁等矿产，部分的铁器、盐等；再次，政府对对外贸易高度控制，公元1278年（元世祖至元十五年），世祖曾招行中书省唆都、蒲寿庚等，委派他们向乘船而来的外国商人宣布，"诚能来朝，朕将宠礼之。其往来互市，各从所欲"③，这反映出元朝海外贸易是以国家为主体，和外商进行交易和往来，具有朝贡属性。元政府对商业的高度管理和控制，客观上为纸币在全国范围内的统一和流通创造了条件。

（2）古代国家信用纸币制度在全国范围内的确立

元代的纸币制度是古代国家信用纸币制度的高级形态，其成熟历程主

---

① （意）马可波罗口述．马可波罗游记［M］．福州：福建人民出版社，1981．

② （摩洛哥）伊本·白图泰．伊本·白图泰游记［M］．银川：宁夏人民出版社，1985．（"剌桐港为世界上各大港之一，由余观之，即谓为世界上最大之港，亦不虚也。余见港中，有大船百余，小船则不可胜数矣"）．

③ （明）宋濂．元史，世祖记［M］．北京：中华书局，1976．

要包含以下三个标志性的事件：

第一，纸币作为基本货币制度的确立。

元代是中国封建历史上第一个以统一的纸币作为基本货币制度的朝代。忽必烈继位后，为了实现财政的集权化，需要政府发行货币以回收割据势力的纸币。忽必烈权衡再三，放弃了银和铜作为货币，于公元1260年（元世祖中统元年）七月发行交钞，十月发行中统元宝交钞，简称"中统钞"，将其用于诸项开支。中统钞不仅是统一的支付手段，同时也是经济统制手段。元初大臣耶律楚材主张要严格制定中统交钞的准备制度，印造以万锭为限，没有金银准备，就不许发出新钞①。公元1286年（元世祖至元二十三年），吏部尚书总结元初的纸币管理经验说："印造中统元宝，以钱为准，每钞两贯倒白银壹两，十五贯倒赤金一两。稍有壅滞，出银收钞。恐民疑惑，随路桩积元（原）本金银，分文不动。当时支出无本宝钞未多，易为权治。诸老讲究扶持，日夜战兢，如捧破釜，唯恐失坠。行之十七八年，钞法无少低昂"②，这反映出元初纸币具有相当稳定的币值。

第二，最早最完备的不兑换纸币制度条例。

公元1287年（元世祖至元十三年），元实行了币制改革，首先是增加发行额，以收兑江南的纸币关子和会子；其次是取消纸钞的现银准备，并禁止使用铜钱；最后是将中统钞板改成铜板，合并了宝钞和交钞。到公元1287年（元世祖至元二十四年）三月，元朝政府又发行至元宝钞、与中统钞并行。元政府还积极采纳大臣叶李的钞币主张，命令尚书省，颁行了世界上最早、最完备的不兑换纸币制度条例——《至元宝钞通行条画》（以下简称《条画》），《条画》在全面禁止金属货币流通的基础上，赋予交钞和宝钞唯一法定货币的地位，详细制定了关于发行准备、平准钞法、新旧钞兑易和防伪等方面的相关制度，并规定严惩私自买卖金银、伪造宝钞者的行为，其内容全面、翔实而周密。

---

① （明）宋濂．元史，耶律楚材传［M］．北京：中华书局，1976. 耶律楚材提出了自己有一段著名的评论："金章宗时，初行交钞，与钱通行，有司以出钞为利，收钞为讳，谓之老钞，至以万贯惟交易一饼，民力困竭，国用匮乏，当为鉴戒。今印造交钞，宜不过万锭".

② （元）吴澄．吴文正集，卷88，刘忠宪公行状［M］．北京：四库馆，1868.

第三，元代纸币制度的瓦解和崩溃。

虽然元朝有"钞本"制度，有纸币的管理条例和防伪的手段、有国家专设的发行和管理纸币的机关、有约束管钞官员的办法，但是并不能严格地遵守和推行。元钞的发行实际上不受控制，加之元代缺乏对管理机构和管理人员的约束和制度设计，使得很多制度的推行十分困难，这直接导致了元纸币制度的瓦解。至元钞发行之后，"以中统交钞重其贯陌，与至元宝钞相等并行"①，中统钞数量的减少，客观上造成"大钞多、小钞少"的局面。公元1309年（元武宗至大二年）九月，元政府又发行至大银钞，公元1350年（元顺帝至正十年），元朝发行至正钞，规定一贯当铜钱一千文，准至元钞两贯。至正钞采用中统交钞的旧钞版，重新印造，背面加盖"至正印造元宝交钞"的印记，另行作价流通。中统、至元、至大和至正等多种钞票并行，使得"旧钞兑换新钞"变得十分困难，旧钞贬值，百姓还得缴纳额外的差价。地方政府则使用旧钞缴税，中央政府投放新钞的比例降低，市场上旧钞充斥，加速了纸钞的贬值，最终导致失信于民，纸币制度最终失败。

2.1.4　古代国家信用纸币制度的名存实亡

明朝立国之后，试图学习元朝，赋予纸币独一无二的地位。然而，此时国家信用纸币制度已经失去了赖以生存的经济基础，很快就被银本位制度所取代，中国古代国家信用纸币制度名存实亡。

（1）明初大明宝钞制度的确立

明朝立国之初使用铜钱，以铜钱为法币，公元1374年（明太祖洪武七年）开印大明宝钞，此时钱钞兼用，禁止金银或其他商品作为货币。公元1374年·（明太祖洪武七年）九月，明政府开始设立宝钞提举司，次年三月，令中书省印造大明宝钞。发行之初，金银只能卖给政府，交易则是钱钞兼行。公元1394年（明太祖洪武二十七年）八月，为了推行宝钞的使用，明政府改变了钱钞并用的制度，下令禁用铜钱，从法令上看来，明

---

① （明）王祎. 王忠文公文集，泉货议［M］. 上海：上海古籍出版社，2010.

朝开始实行了单一的纸币流通制度。但事实上由于钞法行使不力、政府印钞过量，宝钞很快就出现了贬值。而民间仍以金银铜交易。永乐年间，为了稳定钞值，明政府采取了禁止使用金银铜币交易、重罚拒用纸币者、采用税收手段回收旧钞、规定旧钞更新和严格禁止伪钞等措施。期间宝钞价值虽有回升，但是宝钞的流通范围日益缩小①。

与前代相比，明朝的纸币制度具有统一性和连贯性，第一，与元朝相比，明朝在统治中国的两百多年间，只用一种钞票，即大明宝钞。元朝虽然曾经统一了宋金在币制上存在的分歧，但几十年间自己的钞票改了好几次名称。第二，明朝纸币统一由户部印制，地方不得印制。第三，大明宝钞币面只印洪武一种年号，且最大面额以一贯为最高。即使后来发生了通货膨胀，也没有发行过大钞。宋金的纸币都有大面额的，元代末期的纸币却只以两贯为最高面额。

（2）古代国家信用纸币制度的名存实亡

洪武时期，一年印钞数量高达 700 万锭，低时也不下 400 万锭，没有计划滥发的、不能兑现的官钞，根本不能独立担当财政收支和社会商品流转的重担，在整个存续期内，宝钞币值持续下滑。究其根源，明初纸币制度失败的根源在于，封建国家掌握了整个社会的货币流转，进而达到控制社会的经济命脉的目的②，这样的发行目的决定了，第一，明朝政府规定民间可以拿金银与国家兑换宝钞，但不能以钞向国家兑换金银。也就是说，金银只能单向地由民间流向政府，却不会由政府流向民间，这在一定程度上导致民间纸币堆积，烂钞充塞。第二，明朝的"倒钞法"执行不力。明朝的宝钞既没有分界的办法，又不像元朝一样经常改革币制、发行新钞，所以旧钞越来越多，导致商人对钞票的新旧加以差别对待。"宝钞行用库"的官吏们营私舞弊，利用新旧钞价格不同，强迫人们用新钞纳税，然后换成昏钞交库，从中取利。第三，明朝纸币的发行并没有实价金属货币为准备金，不同于元朝以金银或丝为钞本的准备制度，交钞的印制基本是明政府根据财政需要和民间金银数量估计而定的，其发行途径也主

---

① 孙兵. 明洪武朝宝钞的印造与支出探微 [J]. 江西社会科学，2003（8）：57－60.
② 赵轶峰. 试论明代货币制度的演变及其历史影响 [J]. 东北师大学报，1985（4）：41－46.

要是政府赏赐、救济和开支三种途径①，发行额没有任何严格限定。

在大明宝钞失去民心的背景之下，明朝社会实际上失去了既符合国家立法又符合经济法则的流通货币。商品交换要继续进行，就不得不选择更符合经济法则的白银作为货币，这导致银本位制度最终取代了纸币制度。公元1435年（明宣宗宣德十年）以后，明朝政府放弃了大力收钞的政策，"弛用银之禁"，有时还开放用钱，宝钞在商品流通和国家财政中的地位呈下降趋势。公元1435年（明宣宗宣德十年）十二月，广西梧州知府李本奏请铜钱和宝钞兼行，得到批准，铜钱逐渐恢复使用。公元1436年（明英宗正统元年），政府解除银禁，政府的财政收支也逐步转向以银为重点。之后，公元1451年（明代宗景泰三年）因钞法不通，再次声明钱禁。公元1460年（明英宗天顺四年），政府又准许铜钱流通。公元1464年（明宪宗成化元年）七月，铜钱重新成了合法的流通货币。几经周折之后，明政府就不再致力于强化纸币流通，但又不肯干脆让它完全退出历史舞台。到宝钞彻底停止使用的期间内，宝钞的使用主要在三个方面：租税、赏赐和王禄。

这一时期，原则上银、钱、钞都是明政府准行的货币，由于交钞后来已贬值到几乎无法使用的地步，在流通中真正起作用的是银和钱。公元1521年（明世宗嘉靖元年）以后，铜钱逐步让位于白银，货币逐步白银化。即使在白银主导地位确立的同时，铜在货币流通中仍起重要的作用，政府也没有规定白银和制钱之间的关系，因此可以说还是一种银钱平行双本位关系。公元1564年（明世宗嘉靖四十三年），政府停止大规模鼓铸后，国家向百姓所收赋税几乎全部用银，税课三两以下小额收钱，其余全部用银，政府发放赏赐则是银钱兼用。这使得铜钱处于有限法偿地位，铜钱正式降为白银的辅币。"一条鞭法"实行以后，国家的农商赋税、京库岁需、民间贸易借贷等无处不用银。白银成为唯一具有充分货币职能的货币，货币制度白银化的完成，使古代国家信用纸币制度名存实亡。

---

① 陈昆. 宝钞崩坏、白银需求与海外白银流入——对明代白银货币化的考察 [J]. 南京审计学院学报，2011（2）：26-34.

2.1.5　古代国家信用纸币制度的特点

我国古代的国家纸币推行的是"建立在不足值准备软约束下的、主要依赖政府信用作为价值保证的"纸币制度，主要呈现以下两个特点：

（1）不足值准备的软约束

古代国家信用纸币制度依附于金属货币制度，在产生之初，政府往往会强调一定比例的准备，以维护纸币价值的稳定。北宋时期的铁钱、南宋时期的铜钱（河池地区的白银）、金朝的铜钱和元代的丝、银都曾先后作为纸币的发行准备。

与西方金融学理论中银行券的发行准备不同，我国古代国家纸币的发行准备具有不足值性和软约束性。西方银行券制度是建立在产权制度发展基础上的，发行准备的归属往往很明确，纸币一旦贬值，需要由纸币的发行方承担这一损失。而古代国家信用纸币制度的发行准备的财产归属权不明确，在"四海之内，莫非皇土"的指导思想下，发行准备只能笼统地归属为国家，而纸币一旦贬值，整个损失是由全社会承担，而不是由纸币的发行方——政府承担。作为纸币的发行方——政府，责任和权力具有不对等性。因此，古代国家纸币的发行准备往往呈现出不足值性和软约束性。古代国家信用纸币制度在产生之初，政府为了使社会经济平稳运行，往往会公布一定的发行比例，而且在一定条件下允许一定程度自由地兑换。伴随着政权的稳固，政府的开支越来越大，此时发行准备会变得越来越不足值，对纸币发行的约束力也会越来越小。总之，我国始终缺乏对发行准备的财产归属的明晰，纸币的发行缺乏责任和权力的对等，导致发行准备仅仅起到软约束的作用。

（2）对国家信用保证十分依赖

与发行准备对纸币信用的软约束相比，我们可以发现，其对政府信用的巨大依赖主要表现为其内在的稳定性和不稳定性交替作用的影响。古代国家信用纸币制度在产生之初，具有内在强化的自我稳定性。最初，使用纸币替代金属货币、赋予其流通货币的地位，是公众和政府共同的选择，政府获得财政收益的诉求和公众降低交易成本的诉求相辅相成、保持一致，政府和民众都乐于使用纸币，以便捷流通、缓解"钱荒"。此时，政府往往强调维护纸币价值的稳定，社会经济平稳且运行良好。例如能够增加民间使用铜钱交易成本的"限钱法"、财政收支强制使用纸币、改革纸币兑换制度等，都是为了提高纸币的公信力、降低纸币的交易成本、提高纸币的使用效率、扩大纸币的流通范围以稳定纸币价值。

之后，纸币制度内在不稳定的一面会表现出来。由于古代国家信用纸币制度的内在不稳定性，纸币往往会面临轻度的通货膨胀，此时政府会积极采取措施稳定纸币价值。根据叶世昌的研究，纸币贬值以后，公众逐渐变得"乐于用钱，不喜用钞"，中国古代采取的救弊措施有兑现、出售商品、称提、增税纳钞、用新纸币折合若干旧纸币、旧纸币作废等。在准备金不足值的前提下，发行大面额的纸币会引发货币数量的急剧增长，政府为了短期收益，使用多印的纸币攫取了本属于公众的资源和利益。古代国家信用纸币制度往往伴随着财政状况的恶化和国家信用力的衰败而崩溃。

在古代国家信用纸币制度的生命周期中，尽管其内在稳定因素的力量在不断地强化，但其内在不稳定因素的力量也随之增强。在经历了宋金元三朝的兴衰往复之后，国家信用保障内在的不稳定因素最终超越了内在稳定因素，导致古代国家信用纸币制度在明朝形同虚设。

2.2

近代银行券制度阶段

近代银行券制度是以商业信用为基础的、具有代用性的货币制度。这一阶段纸币制度的特点在于，第一，规定相当比例的发行准备，重视准备金制度的设计和执行；第二，以商业信用为基础；第三，由政治金融家主导，与政府信用有千丝万缕的联系。与古代国家信用纸币制度不同，在半殖民地半封建社会下，近代银行券制度不可能有独立发展的机会，我国畸形的近代银行券制度也没有经历完整的生命周期，它产生于明中期，于1948年中止，经历了"产生——发展——中止"三个步骤。

2.2.1 近代银行券制度的产生

明中期以后,国家放弃垄断发行纸币,确立了银本位制度。然而纸币并没有消亡,而是回到了民间,明清时期民间金融中介机构发行的纸币,遵守约定俗成的非正式纸币制度,是我国近代银行券制度的雏形。以此为契机,中国的纸币制度又开始新一轮的从下至上的变革。

(1) 背景——中国的商业革命和银本位制确立

第一,中国的商业革命。

明中期到清末,是中国商业革命产生和发展的时期,这一时期商品经济的特点是,在长期农业文明的基础上发展了资本主义萌芽,从较为普遍的商品贸易发展到大规模的商品贸易阶段,商品的种类和总量覆盖了大部分的农业和手工业产品。以农产品为例,除了传统的农作物如稻、麦、粱、菽、桑、麻和棉花之外,经济型的农作物如桑、麻、茶、甘蔗、荔枝、龙眼、蓝靛、杉漆也被广泛交易,粮食更多地成为流通的商品,专业化的分工,大大增加了各行各业的人们对于其他行业的产品的依赖性,嘉定"县不产米,仰食四方",北京"九门一闭则煤米不通,一日无煤米则烟火即绝",而"楚中谷米之利,散给海内几遍"。

表 2.1　　　　　　　　鸦片战争前中国的商品化程度发展概况

商品种类	产量	商品化率 (%)	折合银两 (万两)
粮食	—	10.5	16333.3
棉花	255.5 万担	—	1277.5
蚕丝	1202.3 万两	92.2	—
茶叶	260.5 万担	—	3186.1
食盐	32.2 亿斤	—	5852.9

资料来源:孔祥毅."明清中国金融革命及其货币商人"之一,明清中国金融革命的背景与标志 [J].金融博览,2009 (2):68-71.

商业的发展,带动了城市的发展和城市人口的增加,当时的商人以地域为纽带，成立了许多商帮，如山西帮、安徽帮、广东帮、宁波帮等，每个商帮内部还有更细的划分，比如山西帮又分为平遥帮、太谷帮和祁县帮。这些商帮的业务横跨南北东西，商业网点遍布全国，货通天下。这些商帮的商业网点或者已经是重要的城镇，或是逐渐发展成为重要的城镇，比如恰克图和包头市。明清时期，北京、平遥、汉口、广州、泉州、扬州、苏州、杭州等城市商品经济达到了很高的水平，商业化、货币化、工业化、城市化高速发展，出现了资本主义雇用劳动的生产形式；此外，贸易的国际化程度也在不断提高。国际商路扩展、国际贸易量扩大入超，东南方向有广州、福州、泉州、厦门，与菲律宾、日本、交趾、马来半岛、泰国、爪哇进行海上贸易；东北和西北方向有恰克图、塔尔巴哈台等，与西亚国家及俄罗斯进行陆路贸易（孔祥毅，2002）。商品化必然伴随着货币化，商品交易规模和频次的增加，同时产生了对具备便携性、价值稳定性的货币需求。

第二，银本位制度的确立。

银充当货币的角色，始于夏朝的"白金"，但是直到元朝，仍然一直是在上流社会购买奢侈品和赏赐的时候使用。金末元初，由于严格的禁钱制度，银曾作为货币广泛流通。然而，忽必烈认为，一是银的产量尚不足以应付大额的赏赐，没有充足的银应付日常的需要；二是银在农民阶层普及程度较低，银的使用，缺乏群众基础；三是银的价格是由市场决定的，不便作为统治阶级加强中央集权的工具；四是银是称重货币，使用需要鉴定成色和称量，因此不适用于日常的交易。由于银的单位价值比较高昂，与较低水平的封建小农生产极不匹配，忽必烈最终没有选择银作为元朝的法定货币。

明中期以后，白银逐渐具备了成为货币的条件，其一，明朝放开了银矿的开采，其生产能力也得到了较大幅度的提升。公元1390～公元1592年间（明太祖洪武二十三年至明神宗万历二十年），中国累计产银3947万两，白银产量的增加，使得白银相对比较容易得到。伴随着经济全球化的趋势，世界产的白银也大量流入中国。根据台湾学者李隆升的研究，整个明代外国流入白银29500万两。其二，到了明代，银已经从原先的赏赐、进贡和储藏的用途，扩大到了价格尺度和流通手段的职能。自公元

1394 年（明太祖洪武二十七年）禁用铜钱以后，许多地方专用白银交易。在公元 1397 年（明太祖洪武三十年），"禁民间无以金银交易。时杭州诸郡商贾，不论货物贵贱，一以金银定价，由是钞法阻滞，公私病之，故有是命"，说明银的使用已经从上流社会扩大到普通的平民百姓，拥有广泛的群众基础。货币的使用范围越广，货币的交易成本就越低。其三，在更大规模、更高层次的商品经济发展水平上，古代国家信用纸币制度下，纸币价值不稳定的缺点就凸显出来了。相对而言，银作为贵金属货币，本身具有价值，既能充当价值储藏手段，也能充当流通手段，其供应量还能根据市场状况而自由地调节，增加了银作为货币价值的稳定性、降低了内在监督成本。其四，明政府松弛银禁之后，逐渐接纳银作为赋税的功能。明政府还运用政府权力，铸造了规定重量的银锭，这表明政府也认可了银的价值，从而使得本身价值比较稳定的银具有了双重保障。

贵金属银面额大、价值高且稳定、能有效调节货币流通量，与这一时期商品经济发展水平更为协调。与金和米相比，白银具有价值适中、易于分割、产量较大的优点①。较之钞票和钱币，银具有更低的搜寻成本、谈判成本和监督成本，是与我国资本主义萌芽时期的商品经济的水平相协调的。满清入关后，基本沿用明代的货币制度，大额交易用银，小额交易用铜，实行银铜平行本位制度。正如张国辉（1997）所言，清朝的制钱在民间小额交易中盛行，银两主要用于大额的交易。由于银两的成色、平砝的不一致，阻碍了其在全国范围内的统一使用，外国银元的流入，又督促清政府允许各省自铸银元②。

1913（民国二年）~1933 年（民国二十二年），期间使用的是"银钱并用"的货币政策。这一历史时期具有明显的过渡期特点，是旧式货币制度逐渐向新式货币制度发展演变的关键时期，主要体现为货币的符号意义变得日益重要。伴随着对外开放，我国的货币制度从"银钱并行"逐渐发展到"两元并行"。一方面，凭借其规范的制式和充足的含银量，外国

---

① （明）王世贞. 弇州史料后集［M］. 北京：学识斋，1868.（"凡贸易，金太贵而不便小用，且耗日多而产日少；米与钱贱而不便大用，钱近实而易伪易杂，米不能久，钞太虚，亦复有湿烂（潮湿霉烂）。是以白金之为币，长也"）.

② 张国辉. 晚清货币制度演变述要［J］. 近代史研究，1997（5）：16 – 40.

的银元被广泛地使用。当时广泛流通的洋元有日本的"龙银"，墨西哥的"鹰银"，英国的"执叉银"和荷兰的"妇女执花银"。另一方面，民国中央政府重视推广和使用规范统一的机制货币。1914年袁世凯政府宣布制造的"国币"和1927年南京国民政府宣布制造的"船洋"，都预示着银本位货币的符号意义与其物理属性（成色和重量等）扮演着同等重要的作用，这为日后宋子文"废两改元"奠定了基础。受20世纪30年代大萧条的影响，美国放弃金本位，实行白银政策，人为地抬高银价。世界银价大大高于中国国内的银价的影响之下，我国白银大量外流。1935年，国民政府果断停止银本位制度，取消自由发行，在全国正式推行统一的金汇兑本位制度——法币制度，银本位制度自此退出历史的舞台。近代的银行券制度，就是在商业革命和银本位制确立的大背景下产生和发展起来的，由非正式民间的形态逐渐被政府所承认，具有了法律的效力，成为法定货币制度的一部分。

（2）民间近代银行券制度的产生

1848年以前，我国的纸币制度最初是以非正式的形态存在于民间，尽管国家法定的货币制度是银本位制度，依托于民间金融机构的民间纸币制度同时获得了蓬勃的发展，这标志着我国近代银行券制度的产生。

第一，民间金融机构的发展。

当时发行纸币的金融机构有票号、钱庄、银号和当铺。其中以票号规模最大，制度最完备。票号的前身往往都是有雄厚实力的商号，这些商号的分号遍布全国。公元1823年（清宣宗道光三年），雷履泰创办我国第一家"汇通天下"的票号——平遥日升昌，此后，又有许多山西票号相继成立，到20世纪初，晋商票号称霸我国金融界达百年之久。除山西外，上海、武汉、广州等地也有名目繁多的钱庄、银号。

和北宋发行交子的富商相比，从清朝的票号、钱庄中，可以看到商品经济的发展水平对民间金融机构信用的巨大影响。北宋尚处于早期封建商品经济时期，清朝已经进入了早期资本主义商品经济时期。伴随着商品生产、商品交换的扩大和深化，商品流通和交易范围获得了极大地扩张，商品赊销赊购、异地支付、转账结算等商业行为越来越普遍，信用的意识也越来越普及。在这种背景下，明清的票号和钱庄已经发展成为三重信用保障：商品信用、货币资本信用和政府信用。其中，商品信用是指伴随着商品交易人与人之间、单位与单位之间产生的相互信任关系，货币资本信用就是我们通常意义上的存款准备金的硬约束，前两者统称为商业信用；政府信用是指国家信用，因为票号后期从主要服务于商业转为主要服务于政府，帮助政府收缴垫付赔款，政府信用也成为票号信用的重要保证。

第二，近代银行券制度的产生（钱庄、票号的票据制度）。

在国家垄断纸币发行的时期，民间的纸币主要以各种商铺发行的私帖为主要的存在形式。明中期以后的自由放任政策，使得民间金融机构发行的银行券获得了蓬勃的发展。其中，资金较为充沛、准备金雄厚的中国本土金融机构签发的金融票据，类似于西方的可兑现银行券。明朝的钱庄开始发行钱票和银票，清朝民间票据的种类不断增加，金融功能得到了进一步发展。当时的民间票据主要有用于异地汇兑、商人往来的会票；有本铺手写、本铺负责兑现的凭帖；有本铺出票、异地兑现的兑票；有钱庄开具的存款收据——庄票；有钱庄、票号凭借自己的信用，开具的具有民间交钞性质的钱票和银票；还有双方合同在先、见面负责兑付的上贴以及用于资金周转、作为钱帖替代的壶瓶帖等。凭帖、兑帖、上帖、壶瓶贴、期贴等，比照现代的本票、支票、银行汇票、融通票据和远期票据，其中前三种是即期票，相当于今天的钞票①。这些民间票据的发展，一方面活跃了金融市场，促进了资金的融通和周转；另一方面促使民间信用进一步发展，为当时繁荣的商业贸易提供了良好的金融支持。

票号发行民间纸币，向来主张"慎于出票"，主要依靠自有资本，实行严格的资本管理制度，具有随时兑现的特征，有"一纸汇票千里传，万两银子立刻取"之美誉，不仅信用良好，而且使用极为便捷、广为流传。资本可以分为正本和护本，相当于现在的管制性资本和经济性资本。其中，正本是股东的货币投资，护本有"倍股"、"厚成"和"公座厚利"三种来源，是一种出于谨慎性原则预提的资本金。除了严格的准备金制度作为硬约束，还有严格的内部监管制度和社会道德作为软约束。从内部制

---

① 孔祥毅．"明清中国金融革命及其货币商人"之一：明清中国金融革命的背景与标志 [J]．金融博览，2009（2）：68－71.

度来讲，票号严格的人员选聘、会计记账和票据防伪的制度，保证了票据的实时足值的兑现；从社会道德约束而言，由于票号的人员构成是以地缘和亲缘关系为基础的，加之商品交易的频率和范围的扩大，大大增加了交易方重复交易的可能性，这些制度的设计使得民间纸币的信用大大提升。

2.2.2 近代银行券制度的发展和中止

1840 年鸦片战争之后，中国进入了半殖民地半封建社会，我国的封建商品经济逐渐演变成为依附型的商业资本主义。在此背景下，中国的近代银行券制度获得了一定程度的发展。然而，由于缺乏独立自主的发展环境，我国的近代银行券制度的发展不健全，于 1948 年伴随着半殖民地半封建社会的终结而中止。

（1）背景——依附型的商业资本主义

1840 年以后，中国的资本主义商业的发展呈现出明显的半殖民地半封建社会的特性，主要表现在，一方面，政府被迫开放国内市场，国内市场为外资控制；另一方面，政府极力压制民间自由贸易、苛征勒索，以维护封建统治，资本主义生产方式在中国进一步扩大和发展。外商的涌入客观上带来了新的生产方式、组织方式和交换方式；洋务运动官员仿效西方的企业制度，创办了新式的军用企业和民用企业，主要采用官办和官督商办两种形式；民间出现了民族资产阶级和买办资产阶级，成立了合伙制和股份制为基础的新式民办企业，并在第一次世界大战期间获得了较快的发展，这些新式企业积极进口原材料和设备，成功实行了一部分进口产品的国货替代。

清末民国时期，出现了一系列发达的近代化的商业城市，1896 年之前以约开商埠为主，包括《南京条约》开放的广州、福州、厦门、宁波、上海等五处通商口岸；《北京条约》开放的天津和喀什噶尔（今喀什）；《天津条约》增开的牛庄（后改营口）、登州（后改烟台）、台湾（后定为台南）、淡水、潮州（后改汕头）、琼州、汉口、九江、南京、镇江；《马关条约》开放的重庆、沙市、苏州和杭州等通商口岸。1896 年以后，出现了许多自开商埠，包括晚清时期自开的吴淞、秦皇岛、南宁、武昌、长沙、济南、昆明、湘潭、辽阳、长春、哈尔滨、吉林省城、齐齐哈尔、满洲里和葫芦岛等地，以及民国时期开放的赤峰、张家口、包头、徐州、济宁、无锡、锦州、郑州等地。这些城市具有发达的交通通信业和金融业，为商业的发展奠定了良好的基础。在这些城市的辐射和带动之下，还形成了长三角、珠三角和京津三大城市链。

在这种背景下，我国纸币制度系统存在的环境日益开放，其演变也从以自组织涌现为主的方式，转变为被动适应开放环境的方式。资本主义商品经济的发展，对金融机构和信用工具的发展提出了更高的要求，促进了金本位制度向金汇兑本位制度转变。当时市场上货币种类繁多、币制混乱，就金属货币而言，白银的短缺、称量货币自身交易的不便，提高了银作为货币的制造成本、搜寻成本和谈判成本，导致纸币的广泛流通；就纸币而言，其发行主体有本国和外国的商业银行、地方和中央的国家银行，发行机构众多、纸币制度的混乱，增加了纸币的交易成本，反映出当时纸币制度与商品经济发展的不协调。

（2）近代银行券制度的发展和中止

由于商业资本的积累和商业信用的增加，以商业信用和资本信用为基础的民间金融机构取得了新变化，在外资银行的影响下，中国逐步建立了近代商业银行系统。值得注意的是，在内忧外患的局面下，我国近代银行券制度还没来得及充分发展就被迫中止了。按照发行主体的不同，我国近代的银行券制度可以分为外资银行的银行券制度、近代商业银行的银行券制度和国家银行的银行券制度三类，本书将分类别探讨不同主体制定的银行券制度的特点：

第一，外资银行的银行券制度。

鸦片战争之后，西方帝国主义国家银行在华发行的纸币有两种，一种是以白银为本位，分别是银两票和银元票；另一种是以元单位，例如，日本在我国东北发行的军用票、横滨正金银行的日本金票以及华俄道胜银行的金卢布票等。由于外国银行资本实力雄厚，外资银行往往执行比较严格和规范的可兑现银行券制度，主要体现在对发行保证的严格规定上。以汇丰银行为例，其可兑现银行券的发行需要严格遵循银行内部的章程。旧章规定的发行保证金的比例达到 55.5%，新章则简单地规定，发行钞票的

2/3 必须有抵押品，把交存保证金率提高到 66.6%，加强对纸币发行保证的管理。由于汇丰银行信誉卓著，1937 年前后，其纸币的发行量较 1912 年时增长了近五倍。此外，有代表性的外资银行还有英国丽如银行、德国德华银行、英国麦加利（又名渣打）银行、英国有利银行、美国花旗银行、美国友华银行、法国东方汇理银行、比利时华比银行，还有法俄清合资的道胜银行、日本正金银行、朝鲜银行等二十余家，全部都有非常严格的发行保证制度和回笼兑换制度。之所以出现孙中山描述的"只相信外国银行不相信中国银行"的现象，主要是由于当时外商银行凭借其卓著的信用，获得了普通公众的信任，这也极大地诱发了中国近代商业银行银行券制度的产生。

第二，近代商业银行的银行券制度。

外国银行的入驻和外国纸币的发行，刺激并诱发了我国商业银行的产生。1894 年创办的股份制银行——中国通商银行，官股、商股各占一半，是中国商业银行的起源。1898 年，中国通商银行开始发行银两票、银元票两种纸币，标志着中国近代商业银行银行券制度的建立。之后，我国的商业银行获得了蓬勃的发展，1912～1928 年，由大官僚大资本家创办的商业银行达到 200 家，1935 年 11 月以前的商业银行均可以自由发行银行券。事实上，当时大多数的商业银行都有官股的参与和政府的支持。由于和信用卓著的外资银行存在激烈的竞争，我国的商业银行大多也有较为严格的规章，制定了较为严格的银行券制度，其中比较有代表性的是中国银行。自成立初期，中国银行就比较注重发行准备和发行保证制度的制定和执行，其中比较典型是 1916 年的抗命兑现事件。1916 年 5 月 12 日，为了集中现金，袁世凯曾命令中、交两行停止提存付现。中国银行上海分行在广大旅沪商股股东及社会各界支持下，毅然抗命、照常兑现，其他各分行亦"相率开兑"，使中国银行纸币信用卓著，更为其吸引了 1000 万元的商股。1917～1927 年的 10 年内，曾发生几次挤兑风潮，中行准备充足，经受了考验。每经过一次风潮，中行纸币信用就增高一次，使得发行额逐年增加。1928 年 10 月，国民政府修正公布《中国银行条例》，根据修正后的新条例，中国银行资本总额改为 2500 万元，将总处移驻上海，并由国民政府指定为"国际汇兑银行"，享有经理国库、发行兑换券之特权。

除中国银行以外，中国农业银行、中国交通银行等商业银行也十分重视银行券制度的建设。尽管在抗日战争时期，其发行兑换制度不能严格地贯彻执行，但是从制度设计的角度而言，我国近代商业银行的银行券制度是以当时世界先进的制度为榜样和模板的。

（3）国家银行的银行券制度

所谓国家银行，是指银行的资本金基本全部来源于国家，或官股占主要份额的银行，这类金融机构的纸币制度是国家银行的银行券制度。

第一，地方官钱银号的钱银票制度。

所谓官银行，是和民间银行相对的、由官方设立的、仿效民间金融机构制度成立的金融机构，清末地方层次有官钱银号、国家层次有户部银行。官钱银号最初来源于道光时期，为了配合"议评钱价"成立的官银号，管理钱票的机构称为官票所、管理宝钞的机构为宝钞局。1854 年（清文宗咸丰四年）十月，商人白亮、刘宏振等呈请出资设立总局，为政府推行宝钞、负责宝钞的兑现，得到了批准。后因这些商人的资本有限，要求兑钱的人"多有守候竟日不得交人者"，于十二月被撤销。之后，户部又在官银号的基础上，设立官钱银号，主要用于收钞发钱，以大钱为本、开钱票放兵饷，回收兑换清政府发行的银票宝钞。1894 年，为了"通钱法、裕财政"，官钱银号也逐渐具备了发钞权。到了北洋军阀时期，官钱银号发展而来的地方官银钱局，成为了发行的主力。

第二，省银行的省钞制度。

20 世纪 30 年代，军阀割据下的各省类似于一个"独立王国"，省银行充当着这个"独立王国"的"中央银行"的角色，各省都制定了一系列省钞制度。为了应对其他银行券的竞争，尽管在实际执行中经常出现财政发行的现象，这些省钞制度仍然属于一种银行券制度。以山西省银行为例，阎锡山曾在山西省内建立省、县、村三级金融发酵体系，解决"造产运动"中资金发行、使用和周转的问题。首先，阎锡山颁布发行"新晋钞"替代"旧晋钞"的命令。发行机构除了山西省银行以外，阎锡山还积极发展代理店，其所代发的省钞的发行准备和兑换均由其自身负责。这些代理店有私人的钱庄票号，私人当铺等，事实上起到了借私人金融机构的资本，充当发行准备的作用。其次，除了"新晋钞"之外，阎锡山还创新性地使用了"物产证券"。将实物作为纸币的发行准备，将纸币的价值与实物联系起来。最后，"承上启下"的县一级的银号。县银号以该县自有的资本金作为发行准备，四成准备即可借发不负责兑现的省钞十成，农村的信用合作券，则以县银号代发的省钞作为发行准备，直接在生产中流通，事实上促进了基础货币的存款创造的能力。通过分析这些措施不难发现，省钞制度的设计在形式上强调收兑制度和发行保证制度的设计，在发行准备不充分的情况下也尽可能地维护省钞一定程度上的可兑现。

然而，形式上的可兑现不等于事实上的可兑现。各省银行的银元票、国币券、辅币券、兑换券、铜元票、大洋票等各式纸币，由于其本身价值低于币面价值，地方财政往往滥发来大获其利，最终导致了区域内严重的通货膨胀（见表 2.2），地方滥发的纸币虽然带来严重的通货膨胀，用现实的教训揭示了发行准备的重要性，也提示了货币发行权高度统一的必要，为"法币改革"即"纸币取代金属货币"的流通，提供了宝贵的经验教训。

表 2.2 民国不同区域的通货膨胀程度

地区	发行数目（万元）	跌价程度（%）
广东	3200	50~60
湖南	2600	70
四川	1500	70
江西	800	70
湖北	3000	80
新疆、伊犁	700	80
云、贵	400	55
东三省	3460	60~70

资料来源：魏建猷.中国近代货币史［M］.合肥：黄山书社，1986：196.

第三，中央银行的纸币制度。

公元 1853 年（清文宗咸丰二年）正月，朝廷为了应对财政危机，发行了两种可以兑换银两的官票宝钞。一种是大清宝钞，以制钱为单位，又叫钱票或钱钞；另一种叫户部官票，以银两计单位，故也叫银票，有一两、三两、五两、十两、五十两等面额。经过筹划，拟定《官票试行章程18条》，规定了银票发行、流通和兑换的办法。尽管咸丰宝钞仍然是户部主持的财政发行，事实上也不能兑换，但是与大明宝钞相比，咸丰宝钞借鉴了民间银行券的制度设计，它开始重视发行准备和兑换制度方面的内容，这与当时民间金融机构发行的银行券制度的诱致作用是分不开的。

清末光绪年间，政府发行新式纸币，公元1904年（清德宗光绪三十年）之前先是中国通商银行发行的银行兑换券；之后由户部银行（后更名为大清银行）发行的银行兑换券，分为银两票、银元票和钱票三类，并出现了中国第一部纸币大法——《兑换纸币则例》，规定了纸币的发行管理机构，并实行监理官制度，"规定监理官随时检查各项出入账簿、表册及准备、现金等项，开单呈报度支部查核"。在各省实力派的抵制和西方势力的干扰之下，这次纸币改革最终以贬值告终，逐渐退出历史舞台。

民国政府于1928年宣布纸币发行国家垄断，并成立中央银行，在1933年"废两改元"统一币制的基础上着手法币改革。1935年以前，国民党政府发行的纸币主要是委托中国银行、交通银行和中央银行三家发行，采用的是银元为本位货币的十足现金准备制。1935年，国民政府果断停止银本位制度，取消自由发行制度，在全国正式推行统一的金汇兑本位制度——法币制度，标志着中国现代纸币制度的确立。1942年，国民政府制定《统一发行办法》，将法币的发行权统归中央银行，规定主币按照其面值可以分为一元、二元、五元、十元、二十元、五十元、一百元。其中，辅币有五分、一角、二角三种，并设立发行准备委员会，办理法币准备金的保管及发行收换等事宜。由于持久的抗日战争，国民政府不得不依靠滥发法币筹措军费，导致法币出现恶性通货膨胀。国民党政府于1948年8月19日发行《金圆券发行办法》，以旧法币300万元折合金圆券1元，之后又推出银元券，持续时间不久也以失败告终。

2.2.3 中国近代银行券制度的特点

近代银行券制度的产生，主要是基于以下几个原因，第一，商业信用和货币资本信用的发展。明清商业革命之后，交易的范围和频率大大增加，信用的水平也大大增加了。民间的金融机构的经营范围日益广泛，资本实力雄厚，客观上具备了发行全国流通纸币的能力。与此同时，当时的政府面临内忧外患的局面，财政经常入不敷出，国家信用较低，客观上为金融机构的自由发行创造了条件。第二，信用制度的发展。如果将货币的本质理解为信用的话，民间金融机构信用的发展促进了民间纸币的产生和发展，民间的银行券制度获得了很大的发展。出于对金融机构本身真实可靠程度的信赖，银行发行的票据能够获得广泛的接受和认可。第三，产权制度的日益明晰。货币是关于财产权转移的规定，明晰的产权可以将一次性的交易转变为长期性的交易，产权的发展能够进一步促进信用的发展。古代国家信用保障下的纸币产权模糊，且与财政赤字紧密相连，因此极容易出现混乱。而近代银行券制度，对产权的界定较明晰，因此具有自身的优点。第四，从交易成本的角度而言，可以随时兑现的银行券既具有纸币的轻便易携的优点，作为金属货币的符号、又具备了金属货币自身价值较为稳定的优点，和单纯以国家信用力为保障的纸币相比，银行券制度具有双重价值保障和较低的监督成本。

这一阶段纸币制度的制定和执行很分散，但是有一个共同的特点，就是在政治金融家的主导下完成的、纸币的发行和流通往往是以政府的承认和认可为前提的、与政府以及官僚资本家有着千丝万缕的联系。首先，民间金融机构的大规模的发展需要依赖政府信用。19世纪50年代以后，票号开始将业务重心转向政府金融，后期事实上成为清朝的财政支柱（见表2.3)，"上至公款如税款、军饷、边远各省丁漕等，下至私款如官场之积蓄，绅富之储蓄等，无一不存票庄之内"[①]。清末，这些本土的金融机构

① 吴秋生. 票号式诚信及其在现代金融诚信建设中的借鉴意义〔J〕. 江西财经大学学报，2010 (1)：11-15.

由于商人汇款有所放松，放款结构不协调，加之辛亥革命存款逼提、贷款无法收回，导致其不得已而倒闭。应该说，明中期到清中期，传统金融机构有限的资金规模，决定了其信用发展不够充分而且很薄弱，民间商业信用、民间纸币发展的客观结果，往往需要强有力的政府的支持和保护，民间银行券制度的推广，需要借助政府的力量。

表 2.3　　　　1865~1893 年山西票号为部分省关汇款和垫汇情况

省关	汇款总金额（两）	其中垫汇金额（两）	%
广东省	9396706	4245561	45.19
粤海关	6607553	4539947	68.71
福建省	8552202	3521645	41.18
闽海关	1033963	295000	28.59
浙海关	125781	50000	39.75
淮安关	45000	14000	31.11
浙江省	2197591	230000	10.47

资料来源：孔祥毅. 山西票号与清政府的勾结 [J]. 中国社会经济史研究，1984（3）：1-12.

其次，近代商业银行的业务与政府财政收支密切交织。通过与政府的合作，近代商业银行利用政府财政资金的流动扩大了业务范围，贷款给政府并收取高额的利息回报，利用政府信用强化了发行的银行券的信用。类似于本土的金融机构，近代商业银行信用发展的结果，是将银行信用和政府信用结合起来，同样体现出与政府信用交织的方式。政府这么做，既能回避国家的道德风险行为、避免单纯依靠国家信用的内部不协调的问题，又能充分利用纸币的便捷。然而，这种方式的采用，很容易使商业金融异化成为政府金融，银行券制度从服务商人转变为服务政府，也就很容易理解近代商业银行的银行券制度无法同外资银行的银行券制度竞争的事实了。

最后，国家银行为政府所控制，独立性弱。对于地方官钱银号和省银行而言，其实质就是地方政府掌握的地方"中央银行"，与地方政府的财政状况息息相关，后期实际成为地方政府财政发行的中介。对于大清银行和民国政府的中央银行而言，清朝政府和"中华民国"尝试采用形式上的、中央银行式的纸币制度，代替财政式的纸币制度，但实际上中央银行为政府所控制，独立性较弱，央行在很大程度上仍然是依赖于并服务于政府财政的。

综上所述，政治金融家主导的近代银行券制度，在很大程度上仍然依赖于政府，纸币发行的渠道和效果仍然和政府财政信用息息相关，财政信用的好坏直接决定了中央银行、地方银行和民间商业银行发行的银行券能否获得稳定的价值。

2.3
中国纸币制度系统变迁的路径

在经历了国家信用纸币制度和中途而止的近代银行券制度的基础上，新中国建立了具有我国特色的人民币制度，人民币制度从建立之初就是独具中国特色的不兑现信用本位货币制度。目前，我国处于当代不兑现信用本位货币制度阶段的初期，加上已经完成的前两个阶段，基本可以勾勒出一条中国纸币制度系统变迁的路径，这条路径是我们深入研究的对象和基础。

2.3.1 人民币制度的建立与发展

（1）背景——革命根据地分散发行的纸币

1928 年 2 月成立的广东海丰劳动银行是中国第一个革命根据地银行。1935 年，中国共产党共建立的 57 个银行及其他信用机构共发行 217 种货币，包括纸币、银币、铜币、兑换券、布币、流通券等。抗日战争时期，抗日民主政权先后在解放区发行过"陕甘宁边币""济南币""晋察冀边币""北海币""西农币""华中币"等，以法币为本位货币，采用"分散发行、各自为治"的办法。1947 年，经历了"各区货币便利兑换——成立中国人民银行筹备处——固定比价、混合流通——发行统一的人民币"四个阶段，为人民币制度的建立奠定了基础、提供了保障。同时，在战争的背景下，军事、财政和银行三位一体，为人民币制度高度集中统一于财政意志奠定了基础。

（2）人民币制度的建立（1949～1978 年）

新中国建立之后，为了实现人民币制度真正的对外独立，需要强有力的国家主权作为保证，建国初期的人民币制度是以商品物资为准备的、发行和流通都是计划好的、完全为计划性生产服务的纸币制度，并与"全部生产资料公有化"的计划经济体制相协调。1948 年 11 月成立的中国人民银行，最初为协调各个解放区的金融政策和货币发行而成立，它的成立为货币的统一奠定了基础。通过发行第一套人民币，中国人民银行逐步肃清了国民党政府发行的货币，收兑回解放区的旧币，之后制定了金银和外汇的计价流通，人民币的市场地位基本确立。人民币是以国家财政收入、商品和物资为发行保证的信用货币，属于纸币本位制，标志着社会主义性质的银行和货币制度进入了一个新的时期。

人民币发行制度安排的起点，是计划经济时代"大一统"式的人民币发行，建国之后，中国人民银行服务于高度集中的计划经济体制，是人民币的发行中心、会计出纳中心和信贷结算中心，全面实施信贷资金的计划管理，包揽商业银行的业务，人民币制度安排是以商品物资为准备的、完全为计划性生产服务的纸币制度。为了更好地顺应财政的意志，1969 年，中国人民银行曾经和财政部合并，成为财政部的记账和出纳部门。当时的中央银行更多只是扮演"发行的银行"，货币发行遵循的是"货进去，钱出来；钱进去，货出来"的原则，有经验数据证明，人民币的发行量占其商品物资准备的八分之一，就可以保持人民币价值的稳定。从人民币流通制度安排的角度而言，人民币的投放主要有三个渠道：农产品收购、工资奖金和信贷。回笼主要是通过商品销售、储蓄、财政税收。在存储准备和货币收兑这一不稳定因素上，由于当时的真金白银十分匮乏，人民币的价值稳定依赖于财政、商品和物资作为发行准备。把人民币的发行管理权统一于中央人民政府——国务院，当时认为这样有利于人民币市场的统一、有利于国家有计划地调节人民币的流通、有利于国家支配人民币发行带来的铸币税收益，并且便于群众识别。应该说，将信贷计划和国民收入计划相衔接，与当时特殊的计划经济背景是相互协调的。然而，由于货币政策的主体和作用都具有很高的财政性，频繁出现企业或基建向银行透支的现象。商品交易的灵活性与货币制度僵化的矛盾，成为计划性的人民币制度不协调性的主要体现。伴随着商品统购统销模式的改革，人民币制度也逐步实行了转轨。

（3）人民币制度的发展（1978年至今）

1978年改革开放以后，与商品自由交易的社会主义市场经济体制相协调，我国逐步实现了由中央银行垄断发行的国家银行券制度（孙金鹏，2008），人民币制度演变至今，可以分为以下三个阶段：

第一，计划性特征的延续（1978～1992年）。

从人民币发行制度安排的角度而言，伴随着商品统购统销模式的改革，1978年1月1日，中国人民银行与财政部分设，开始负责吸收和分配资金、监督工商企业和一般信贷业务。1981年，我国着手建立真正意义上的中央银行体制，这一阶段，人民币发行的数目基本遵循计划经济时代的计划式发行标准，主要表现为一种"还账式"的发行方式，这难免出现赤字型的通货膨胀（熊毅，2009）。从人民币流通制度安排的角度而言，1983年，国务院颁布并实施《国务院关于中国人民银行专门行使中央银行职能的决定》，规定中国人民银行专门行使央行的职责，将其旧有的工商信贷和储蓄职能分离给专业银行，增加了中央银行"银行的银行"这一角色。1984年，党的十二届三中全会通过的《关于经济体制改革的决定》中，明确提出从中国人民银行中划分出中国工商银行，专门负责信贷业务，以保证中国人民银行的独立性和货币政策的有效性。新分离出去的商业银行从财政部门接手国有企业的流动资金，开始被允许发放固定资产的贷款，并实行"信贷差额包干"制度，将之前的"统存统贷"转变成为"多存多贷"。独立商业信贷部门的成立，对人民币流通制度安排有关键的转折意义，通过引入商业性资金融通机构，能够调剂资金余缺，提高人民币作为资本的使用效率。

尽管如此，通过"联行清算"的方式，这些新成立的商业银行仍然可以无偿地占有中央银行的联行清算资金，从而在1984年出现了盲目信贷引发的信用膨胀问题。为了应对这样的问题，1988年我国开始实行"限额管理"，1989年试行"以存定贷"的"双向控制"办法。在这一阶段，市场经济体制还处于摸索时期，当时的宏观经济体制依然保留计划的特征，因此，这一时期的人民币制度是由财政部和中国人民银行共同决定的，人民币制度的转型还处于探索之中。

第二，从计划向市场的过渡（1992～1994年）。

这一阶段具有过渡性，时间十分短暂，经过经济金融领域十几年的改革，基本建立了具有利益激励机制的社会主义市场经济新秩序。为了配合社会主义市场经济体制的改革，降低交易成本，人民币发行制度由财政经济时代的还账发行改为银行经济时代的盲目发行。从人民币流通的角度而言，1994年我国的信贷管理体制变为限额管理下的资产负债比例管理，并成立三家政策性银行，将商业银行的政策性业务和经营性业务分离，促进专业银行向商业银行转变。然而，形式上的这些转变，并没有改变政府将商业银行系统看成宏观经济调控工具的实质，政府试图通过充实国有商业银行的资金、提高国有商业银行的贷款规模，把信贷资金当成财政资金，以有效拉动内需、带动经济增长。事实证明，人民币的这种发行和流通制度安排没有约束机制，人民币滥发和指令性的流通导致两位数字的通货膨胀，威胁到政府的信用和人民币的稳定，这是从计划经济体制转向市场经济体制中，人民币制度改革的失败尝试。

第三，市场化改革的持续深化（1994年至今）。

1994年之后，我国着力发展了外向型经济并制定了管理汇率制度。发展至今，人民币正逐步转向浮动汇率制度。市场经济的发展和市场交换方式的改革，导致人民币制度开始大刀阔斧的改革。这一阶段的改革依然是以人民币发行制度安排作为突破口，人民币由之前的盲目发行，转变成为以锚定美元为目标、通过央行公开买卖外汇的发行。1995年颁布的《中华人民共和国中国人民银行法》，从法律的高度明确了中国人民银行的独立性，其中明令禁止财政向中央银行透支以弥补赤字的行为。与此配合，我国还展开了人民币流通制度安排的一系列的关键改革。为了加强中央银行的权威性，提高其管理人民币的实力，省级分行的贷款规模调剂权和向非金融部门发放的专项贷款①均被取消。1996年将银行信贷管理调整

---

① 于学军. 从渐进到突变：中国改革开放以来货币和信用周期考察 [M]. 北京：中国社会科学出版社，2011：114.

为资产负债比例管理下的限额管理，配合新成立的货币政策委员会，1998年，进一步简化为资产负债比例管理和风险管理，逐渐实现了从直接控制信贷规模向间接控制贷款数量的转变。发行制度安排和流通制度安排的改进，促使 1999 年颁布《中华人民共和国人民币管理条例》，该条例明确了当前我国实施的人民币制度①，其内容涉及人民币的法律偿付性质，用途，票面的单位、种类，以及人民币发行组织、程序和更新办法，对伪造人民币的惩罚办法，以及人民币的汇兑办法等，内容翔实，涉及人民币制度的方方面面，把人民币制度用法律形式确定下来，对深化人民币制度的改革具有重大意义。

当前，央行开始越来越多地使用公开市场操作、再贴现和法定存款准备金这"三大法宝"调节货币发行流通，中央银行的独立性越来越高，"三大法宝"越来越灵活、完善，货币政策委员会的地位进一步提升，金融市场全面发展，中央银行汇率形成机制和利率市场化的持续改革，促进人民币制度适应国际化和开放化的新需要。同时，我们也要清晰地认识到，由于人民币制度市场化改革的时间较短，目前仍然是国家控制下的、反映国家偏好的纸币制度。中国纸币制度变迁的研究，可以帮助我们明确未来人民币制度改革的方向、途径和方法。

2.3.2 中国纸币制度系统变迁的路径

我国的纸币制度是不断变化的，通过对中国纸币制度变迁阶段进行具体的定位，我们能够更加明确我国的纸币制度是怎样从一种制度演变为另一种制度的，这种演变的过程就是纸币制度变迁的路径。通过本章的归纳可知，我国纸币制度的变迁路径呈现出"不足值准备软约束下的古代国家信用纸币制度——政治金融家主导的近代银行券制度——具有中国特色的信用本位货币制度"这样一条具有我国特色的变迁路径，是与"封建商品经济——依附型的资本主义商业经济——社会主义计划/市场经济"相协调的。我国的纸币产生于封建社会，伴随着早期的封建商品经济的萌芽

---

① 中国人民银行. 中华人民共和国人民币管理条例 [M]. 北京：中国金融出版社，2000.

而产生，先是经历了五百多年政府垄断发行时期，期间以政府自上而下的强制性变迁为主；随着资本主义商品经济的萌芽和发展，又经历了四百多年的自由发行时期，期间呈现民间自下而上的诱致性变迁和政府自上而下的强制性变迁交织进行的特点；当代的人民币制度随着社会主义计划经济而确立，随着社会主义市场经济的发展而发展。总之，中国历代纸币制度系统的发展是一个曲折上升的过程，是一个从无到有、从小到大、从不发达到发达逐渐完善的过程，图 2.2 是我国纸币制度系统变迁所遵循的路径：

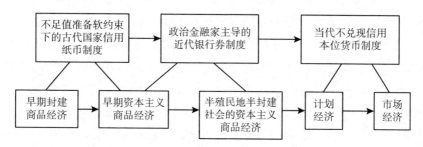

图 2.2　中国纸币制度系统的变迁路径

我国纸币制度的变迁，与西方纸币制度的变迁有着根本的不同。西方的货币制度可以划分为"实物货币制度——金属货币制度（贱金属—贵金属）——可兑现银行券制度——不兑现信用货币制度"四个阶段，是与"自然经济——商品经济——初级资本主义市场经济——发达的资本主义市场经济"相互协调的。西方最初也实行金属货币制度，伴随着交易范围的扩大和交易深度的提高，在服务于货币流通过程中，西方商业银行创造了以商业信用为基础的商业票据（银行内部货币）补充外部货币的自我强化收敛过程，银行券制度的出现大大完善了信用制度。银行之间多边交换的高度发达，客观上导致了清算中心的产生，这个清算中心就是中央银行的雏形。只有这个清算中心被国家所控制了之后，这个清算中心才成为由政府赋予货币发行特权和代理国库的特权、政府为其担保的、充当其他商业银行储备机构的特殊银行——中央银行。之后，商业银行的发行准备存放到中央银行、成为中央银行的储备，商业银行的银行券逐渐被中央银行银行券这一国家法定的纸币形式所取代，之后金属本位下的纸币才逐渐变为金汇兑本位下的不可自由兑现的货币，最终变为当前信用本位下的不可兑现货币。总之，西方的纸币发行制度呈现出商业信用保证为主、国家信用保证为辅的特征。

与西方不同的是，我国的纸币制度更多地体现出国家信用保证为主，商业信用保证为辅的特征。此处的国家信用指的是国家强制流通使用的、以财政收入的形式加以确定的、由国家承认并接受其偿付能力和合法地位的信用保证。运用金融协调理论审视历代纸币制度的演变的过程可知，我国古代的纸币主要是由国家负责发行的，与财政资金运行渠道高度重合的发行制度。收兑回笼的渠道和发行主体这两个构成要素之间相互协调，可以节约大量的人力物力。然而，在这种发行方式下，纸币的有效收兑和以国家信用作为发行准备两大要素之间存在着互斥性。如果真正实现随时的足值的自由兑换，政府需要储备大量的金属货币作为兑换准备金，这显然与古代政府发行利用纸币的初衷相悖，这不仅不利于缓解钱荒，不利于增强流动性，而且大大加重了政府的财政负担，这成为纸币制度中的不稳定因素。解决这一不协调性的办法是保持纸币事实上的不可自由兑换，使得我国的纸币从产生之初就成为依靠国家信用力保证的、以不足值准备软约束的不兑现发行制度。在政府垄断纸币发行权之后，往往会利用法令压制民间纸币的发行和使用，这种局面一直持续到明清商业革命，之后，政府逐渐放开对民间纸币的管制，民间以商业信用为保证的银行券制度，才得到一定程度的发展。我国的近代银行券制度，呈现出一种由政治金融家主导的、商业信用和政府信用共同担保的特征。首先，由于中国的民间商业信用发展不够充分，民间的纸币缺乏成熟的商业银行制度和商业信用制度的支持，所以往往表现出对政府信用特别的依赖；其次，作为官僚资本家的一种，政治金融家这一特殊群体的存在，决定了我国商业银行的资本金来源、业务范围和利息收入都与政府的财政收支息息相关；最后，我国领土广袤、人口众多，种类众多的私票往往带来较高的交易成本，民间纸币的发展需要借助政府的支持和保护。因此，我国纸币制度的变迁是在遵循货币制度演变内在规律的前提下，呈现出很强的政府偏好色彩，更多地体现出以商业信用保证为辅、国家信用保证为主的特征。

2.3.3　纸币制度指导思想的演进

"研究制度，必须明白在此制度背后，实有一套思想和一套理论之存在"①，伴随着信用水平的提升和交易实践的进步，我国对于纸币的思考也不断地加深。对中国纸币制度变迁的理论依据和指导思想的剖析，不仅从另一个角度帮助我们理解古代国家信用纸币制度、近代银行券制度、当代不兑现信用本位货币制度的异同，还能够帮助我们从货币思想的角度认识我国纸币制度变迁的路径，进而理解纸币制度变迁的过程和取向。

起初，有一些人反对实行纸币制度，认为纸币自身完全没有价值。苏轼曾批评纸币说："私铸之弊，始于钱轻，使钱之直若金之直，虽赏之不为也。今秦蜀之中，又裂纸以为币，符信一加，化土芥以为金玉，奈何其使民不奔而效之也。"② 这种说法坚持货币的价值唯一来源于纸张的价值，纸张的价值决定了纸币是没有价值的。事实上，这只是从纸币形式上的价值去理解，没有看到纸币背后的制度含义和蕴涵的信用价值。

纸币在交易中广泛存在、被买卖双方所接受的事实说明，纸币不仅不是毫无用处，反而能够担当起货币的职能。正如叶适所说："凡今之所谓钱者反听命于楮，楮行而钱益少，此今之同患而不能救者也……大都市肆，四方所集，不复有金钱之用，尽以楮相贸易。"③ 伴随着纸币的发展，越来越多的人认识到纸币制度的重要性，南宋时期，以吴潜④为代表的先进人士已经觉察到，纸币关系国家的经济命脉，需要用心研究。因此，人们不再简单粗暴地排斥纸币，反而开始认真思索纸币发行和流通的规律，追求更加完善的纸币制度设计，以便更好地利用纸币。

应该说，苏轼的质疑，直接指向了纸币的质料和纸币的价值之间的价

---

① 钱穆．中国历史研究法［M］．上海：三联书店，1999：3.

② （宋）苏轼．苏轼文集［M］．北京：中华书局，1986：224.

③ 姚遂．中国金融思想史［M］．上海：上海交通大学出版社，2012：168.

④ 姚遂．中国金融思想史［M］．上海：上海交通大学出版社，2012：199.（"臣观今日国用殚屈，和籴以楮，饷师以楮，一切度皆以楮，万一有水旱盗贼师旅征行之费，又未免以楮，则楮者诚国家之命脉也……今不亟为区处，新楮甫出，其弊已尔，年岁之后，将甚于昔。官司之所仰者在楮，而民不重。官之所倚者在法禁，而民不服。楮非吾楮，则国非吾国矣"）．

值鸿沟，这个鸿沟怎么衔接、怎么弥补是纸币制度需要解决的首要问题，也是决定纸币能否顺利的推广和执行相关职能的关键。纸币的价值 V 由名义价值和内在价值共同决定，纸币的内在价值是其质料的价值，用 I(i) 表示；纸币的名义价值是指由政府信用保证的那部分价值，用 N(i) 表示；更多的时候，我国的纸币制度是政府信用支撑的、带有商品性的货币，政府发行纸币能够获得铸币税收益，用 Si 表示，$Si = N(i) - I(i)$。针对纸币价值的争论古已有之，由此产生了不同的理论派别。金属论坚持，纸币的币值需要有实物的支撑，即 $V = I(i)$；名目论坚持，纸币的价值源自政府的法令而非纸币的质料，即 $V = N(i)$；货币虚实论认为，纸币的价值由纸币的名义价值和内在价值共同决定，即 $V = I(i) + N(i)$，货币虚实论又可以细分为实用金属理论和物资准备理论。

(1) 古代国家信用纸币制度的指导思想——金属论

第一，理论金属论。

理论金属论（完全的金属论）是指货币从逻辑上必须由某种商品担保，纸币的价值完全也必须基于这种商品的保证。因此，理论金属论的拥护者坚持认为纸币必须有十足的准备，并且保证随时兑现。杨万里是典型的理论金属论者，他主张"盖见钱之与会子，古者母子相权之遗意也。今之钱币，其母有二，江南之铜钱，淮上之铁钱，母也。其子有二，行在会子，铜钱之子也；今之新会子，铁钱之子也。母子不相离，然后钱、会相为用。"[①] 从这段话中可以看出，杨万里将古代的"母子相权"理论应用到纸币上，认为行在会子和铜钱、新会子和铁钱均是子与母的关系，纸币的价值完全由金属货币决定。然而，理论金属论与宋金元纸币的实际执行情况格格不入，因此被大多数人所摒弃。

明清时期，为了给银本位制度造势，理论金属论又再次成为主流。明代的顾炎武和王夫之都主张废钞，王夫之认为，纸币造价低廉、不易于保存，是政府愚弄百姓的手段[②]，他认为正是因为纸币没有实际的价值，所

① 姚遂. 中国金融思想史 [M]. 上海：上海交通大学出版社，2012：193.
② （清）王夫之. 宋论，卷4，仁宗 [M]. 北京：中华书局，2003.（"有楮有墨皆可造矣，造之皆可成矣，用之数则速裂矣，藏之久则改制矣。以方寸之纸，被以钱布之名，轻重唯其所命而无等，则官以之愚商，商以之愚民，交相愚于无实之虚名，而导天下以作伪"）.

以导致伪钞横行、市场混乱。清代的魏源也表示，以官钱为本的"唐之飞钱，宋之交会"，其主要的目的是"便民"，但是宋徽宗之后，政府用"百十钱之楮"交换"千万钱之物"，是上层统治者对下层百姓的盘剥，"初行则奸伪朋生，久行则不堪覆瓶，矿不旋踵而废"①。魏源还主张，拥有十足准备的、可随时兑现的纸钞可以方便交易，但是不可足值兑现的纸钞是对人民的盘剥，没有充足金属准备的纸币制度不堪一击，长久执行、其害无穷。同时期的许楣也认为"物之贵贱，皆其所自定，而非人之所能倒置"②，一个"自定"表明了他坚定的理论金属论的立场。他认为，纸币发行的数量直接影响纸币的价值，"多出数百千万之钞于全国，则全国轻之"，"骤增百万即贱，骤增千万则愈贱"；金银的价值则与金属的数量无关，"多散数百千万之金银于全国，全国必不轻也"，"造百万即百万，造千万即千万，虽尽镬全国之赋可矣，如不能何！"③，这种说法看到了与金属货币相比，纸币的价值更容易受其数量的影响，但是忽视了在适度范围内的纸币的便利性。总之，理论金属论者强调，纸币必须要完全与金属货币挂钩，才能够流通，与"钱荒"的现实格格不入，他们只是看到了纸币的商品性，而忽视了纸币的信用性，因此具有相当的片面性。

第二，实用金属论。

实用金属论是本体名目论与政策金属论的结合，这为纸币的不足值兑现奠定了基础。与理论金属论不同，实用金属论者认为纸币的价值，是可以由政府凭借自身信用强行规定的，但是在政府信用不足的情形下，需要借助金属作为信用担保，才能维持纸币价值的稳定。金属准备的作用是增加政府信用，以维持不可兑现纸币的价值。这种理解事实上是在理论金属论和名目论之间选择了一个平衡点，是协调纸币商品性和信用性的一种折中的办法，符合"中"的哲学。实用金属论认可不足值准备软约束下的、不兑现国家信用纸币制度，相关的研究集中在对"度"的把握上，主要包括金属准备的设置比例、收兑比例以及收兑方式。

实用金属论发端于赵孟頫的"虚实相权法"，赵孟頫认为，实物商品

---

① ③　姚遂. 中国金融思想史［M］. 上海：上海交通大学出版社，2012：269.

②　（清）许楣. 钞币论，钞利条论［M］. 北京：文求堂书店，1922.

为实、纸币为虚，纸币政策的执行要"取实而避虚"，但是具体应该怎么做，赵孟𫖯并没有描述得十分透彻。在赵孟𫖯的基础上，王祎提出了"钱实钞虚论"，主张"钞乃虚文，钱乃实器。钱钞兼用，则民必舍虚而取实"①，王祎认为，纸币是金属货币的代表和符号，对货币虚实论有更为明确的表述，首创性地对纸币产生之后的"钱荒"现象有了自己的解释。类似地，陈子龙也主张"楮非钱也，而可执为券以取钱，无远致之劳，有厚济之用。是以飞钱、钞引，唐创行之，宋之交子会子乃自西蜀一隅通于天下。始于暂以权钱，久之以代见钱。迨元而钞遂孤行矣。终元之世，无一人知有钱之用，而衣于钞，食于钞，贫且富于钞，岂盖禁令使然哉。夫亦因民所便，而特以收换称提，时疏其滞也。"② 也就是说，尽管纸币最初只是为了暂时代表金属货币的使用，但是逐步发展成为金属货币固定的代表，这就对纸币的发行、兑换、流通等制度系统的设计提出了更多的要求。

实用金属论的基本观点包含了纸币自身的价值规定和纸币的偿付，如果纸币的发行流通数量能够与市场交易对纸币的需要量相吻合，纸币的价值就比较稳定，且等于规定的纸币自身价值；如果纸币的发行流通数量超过市场的需要量，纸币的价值会低于规定的纸币自身价值。由于纸币的价值决定于纸币的发行制度（发行准备、发行数量）和流通制度（兑换制度、回笼制度），因此当时的讨论主要集中在这两部分内容上。

首先，关于纸币发行制度的讨论主要集中于财政信用保证的软约束和金属发行准备这两方面。关于财政信用对纸币价值的保证，有代表性的是卢世荣和王茂荫。为了防止纸币贬值，卢世荣提出了他的整治建议：恢复民众自由买卖金银的权力；发行绫券和铸造至元钱；增加国库收入和收缩通货；拓广畜牧，增加生产；设立平准周急库，充实常平仓，以积极稳定钞值，平衡物价。这些主张无一例外都是通过增强国库信用、降低财政赤字、增强财政信用而稳定纸币价值。王茂荫主张以"十万之钱"作为"百余万之钞"的发行准备，认为发行准备设置的关键在于"安人心"③，

① 姚遂．中国金融思想史［M］．上海：上海交通大学出版社，2012：234.
② （明）陈子龙．明经世文编，钞币论［M］．北京：中华书局影印，1962.
③ 姚遂．中国金融思想史［M］．上海：上海交通大学出版社，2012：311.

他认为，只要政府能够维持纸币的信用，就可以实现以极小的准备发行较大数目的纸币。关于发行准备比例方面的研究，有代表性观点的是周行己和包世臣。迫于"或铸为铜器，或边鄙渗漏，或藏于富室"导致的钱荒压力①，周行己主张，纸币的发行准备达到发行数目的 2/3 就可以。包世臣也有相似的看法，"驭贵之易者，以其有实也……统计捐班得缺者，不过什之二三，然有此实际，则能以实驭虚。盖实必损上，而能驭虚，则上之受益无穷，而天下亦不受损，此其所以为妙用也，但非短视诸公所解耳"②，他认为发行准备只要占发行总额的 1/5 ~ 3/10 就可以了。总之，与理论金属论者主张的十足准备相比，实用金属论者赞同部分准备软约束下的财政信用保证制度，这与当时"钱荒"的实际相吻合，成为宋金元时期纸币思想的主流观点。

其次，关于纸币流通制度的讨论较多。当时大多数的实用金属论者认为，政府必须十分重视对纸币制度实施情况的监督和管理，才能够保证纸币价值的稳定和正常的流通。叶子奇将纸币的发行比作入水，将纸币的回笼比作排水，强调只有纸币合理的回笼，才能够保证市场上流通的纸币数量维持在适度的规模③。对于纸币收兑原则的把握，孝宗主张"大凡行用会子，少则重，多则轻"④，因此要严格控制纸币的数量。对于纸币回笼的讨论集中在一个"收"字，袁燮指出"孝宗皇帝颁楮币于天下，常通而不壅，常重而不轻，无他道焉，有以收之而已。自开禧用兵，造币甚广，知散而不知收，故其价甚贱。今日更定其法，固将流通而不穷，其可不法孝宗所以收之者乎？"，"盖楮之为物也，多则贱，少则贵，收之则少矣；贱则壅，贵则通，收之则通矣"⑤，这个"收"字明确指出回笼的重要性。刘定之的讨论更为全面，更能代表实用金属论者的主流观点，他首先强调了纸币的源头——发行数量的适中，"少造之则钞贵，而过少则不

① 姚遂. 中国金融思想史［M］. 上海：上海交通大学出版社，2012：163.
② 宋叙五，赵善轩. 包世臣的货币思想研究［N］. 新亚学报，香港，2006，24（6）.
③ 姚遂. 中国金融思想史［M］. 上海交通大学出版社，2012：240.（"譬之池水所入之沟，与所出之沟相等，则一池之水动荡流通，而血脉常活也。借使所入之沟虽通，所出之沟既塞，则水死而不动，惟有涨满浸淫，而有滥觞之患矣"）.
④ 姚遂. 中国金融思想史［M］. 上海：上海交通大学出版社，2012：186.
⑤ （明）黄淮，杨士奇. 历代名臣奏议，卷172［M］. 上海：上海古籍出版社，2012.

足于用。多造则钞贱，而过多则不可以行"，只有发行规模适中，才能保证币值"贵贱得中"；其次强调了纸币回笼的重要性，他认为"大臣收钞以贮之库"的行为导致"贫民隔田产、质妻子，而后得钞以送值官"和"豪商大贾积钞于家"这两种现象并存，容易激化阶级矛盾，他认为，政府不仅要发钞，还要积极换钞、收钞，否则就是用没有价值的纸币换公众有实际价值的财富；他反对财政任意增减纸币流通数量的行为，主张灵活运用财政收支的办法回笼发放纸钞[①]。对于纸币的兑换，实用金属论者往往强调纸币要与具有实际价值的商品自由兑换。其中，积极主张钱钞兑换的吕思诚，强调"以虚换实"，认为只有纸币和钱币之间自由兑换，才会杜绝"钱荒"现象。高汝砺认为，实物不仅包括钱，还包括生活必需品，除了拿金属货币和纸币兑换之外，还应该拿粮食等必需品与纸币兑换，可以起到平抑物价的作用[②]。

然而，根据财政偏好制订的古代国家信用纸币制度，实际上只是偶行纸币的自由兑换，更多的时候，政府采用的是税收和以钞易物的办法，稳定纸币的价值。这种回收纸币的办法，大多是借助财政收支的途径，是一种政府主导的方法。一个收一个兑，最大的不同在于，政府是否牢牢掌握着调剂纸币流通数量的主动权。通过对古代纸币思想的梳理可知，尽管实用金属论者强调政府信用和金属准备共同的担保，但在古代国家信用纸币制度下，金属保证从属于政府信用，纸币经常成为政府攫取公共财富的工具。

（2）近代银行券制度的指导思想——物资准备论

物资准备论认为，纸币必须由某种实际的商品作为储备、进行担保，特别是在发行机构没有足够信用的前提下，这种储备商品就显得尤为重要。物资准备论包括金本位主张又不局限于金本位，物资准备论不仅主张由贵金属作为储备担保，还主张商品物资也可以作为储备和担保。

---

① 彭信威. 中国货币史 [M]. 上海：上海人民出版社，1965：537.（"钱贱则又以赋税收之，钞贵则又造一界增之，如是而已，此三尺童子之所之也"）.

② （元）脱脱. 金史，卷170 [M]. 北京：中华书局，1975.（"物价低昂，朝夕或异，然籴多粜少则贵。盖诸路之人辐辏河南，籴者既多，安得不贵？若禁止之，有物之家皆将闭而不出，商旅转贩亦不复入城，则籴者益急而贵益甚矣。事有难易，不可不知，今少而难得者谷也，多而易致者钞也，自当先其所难，后其所易，多方开诱，务使出粟更钞，则谷价自平矣"）.

　　近代对纸币制度改革的主张，主要集中在对统一币制的呼声上，时人建议，纸币制度的统一，应该借鉴西方发达国家，建立金本位制度。持有这种主张的代表人物有盛宣怀、马建忠、陈炽、郑观应和黄遵宪等。这些人大多对西方的银行券制度和中央银行制度有深入的了解，并积极将西方纸币发行的经验介绍到国内。尽管金本位制度在形式上与实用金属论的主张有类似之处，但逻辑上符合西方对市场规律和货币流通规律的理论，近代物资准备论者的主张更接近于足值准备硬约束下的银行券制度。这种制度下，政府信用从属于金属准备、纸币自由兑现的制度规定，决定了公众在理论上掌握着对纸币流通数量控制的主导权。在这种思潮的影响下，近代中国涌现出一大批的商业银行和金融机构，对活跃市场、刺激资本的流动起到积极的促进作用。然而，我国实行贵金属本位制最大的问题在于，不充足的发行资本金、混乱的发行机构，客观上需要政府统一纸币的发行。但是，内忧外患下的中国政府也没有充足的发行准备，应该怎么将西方先进的纸币制度同中国落后混乱的纸币制度现状相结合，他们分析得不够透彻。

　　伴随着辛亥革命和清王朝的瓦解，面对政府发行准备不充分和纸币制度统一之间的矛盾，民国的政治家们在金属准备论的基础上，提出了以商品作为准备的物资准备论。孙中山认为，"初出时甚形利便，久之则生无穷之流弊，必至归天然淘汰而后止。滥发之弊，足使财政纷乱"。在总结古代纸币发行教训的基础上，孙中山指出，金属货币如果缺乏信用，"本质尚有价值，尚可流行市面而无弊"，但纸币如果没有信用，"则成为空头票，若仍流行于市面，则弊生"，因此他十分重视纸币的信用保证。[①]面对当时纸币发行准备不足的问题，孙中山提出，纸币的发行准备不应该局限于金属，而应该扩展到更大的范围上，实行货物金属共同保证，加之与灵活的收兑制度相结合，以适应商品流通的数量需求。此外，他主张将纸币的发行、收兑途径分为财政渠道和商品融通性两大渠道，从而实现纸币最大限度的有效收兑。

　　在孙中山物资准备理论的基础上，阎锡山也提出了类似的"物产证

---

① 姚遂. 中国金融思想史［M］. 上海：上海交通大学出版社，2012：440.

券"的理论，他主张在农业领域，组织农村信用合作社，以土地作为担保，发行农村信用合作券；在手工业领域，使用与产品对应的"土货券"。物产证券是由物资加上政府的公信力保证的普遍接受的交换媒介，事实上充当了货币的作用。阎锡山还成功地将物产证券论应用到了实践当中，为我们分析物资准备论提供了实践的模板。朱执信也主张，较之不可兑换纸币而言，可兑换纸币拥有更强的货币购买力，且价值较为稳定，纸币需要充足的发行准备；面对客观上发行准备不充分的情形，他创新性地提出用这八种兑换品作为发行准备，构建包含八种兑换品的物价指数，使之与纸币流通需要总额相适应，以衡量物价的变化情况。廖仲恺也认同货物本位论，认为纸币是最合适的流通手段和交换手段，并且率先将信用制度与信用货币联系在一起考察。

通常我们所说的货币，是指在产品和服务支付、债务偿还中被普遍接受的东西，它与收入和财富是有区别的。但是，物资准备论创新性地使用收入财富作为纸币的价值保证，较之实用金属论，具有以下几点进步之处：首先，这与当时的经济背景分不开的，反映了恶性通货膨胀下货币形态由纸币形态暂时倒退回实物货币形态的情况。纸币是货币发展的较高级的形态，是替代实物货币充当信用中介的手段。根据西美尔的理论，货币的广泛接受性虽然离不开政府的强制力，但是更离不开使用者的心理信任。当纸币恶性贬值时，就会出现抢购囤积物资的情况。物资准备理论的使用，顺应了货币使用者的需求，将实物和流动性一一对应起来，降低纸币贬值的危害。

其次，引入物资准备理论后，货币层次的扩大，能够增加纸币的流动性和普遍接纳性，进而通过货币乘数的作用扩大货币的供给。现代金融学中，货币层次理论是探讨央行如何增加货币供给、扩大货币发行的重要理论，央行在实施扩大货币发行的政策之前，需要明确其操作的层次。对货币层次进行探索和讨论，可以加深对物资准备理论的理解。根据货币乘数理论，货币供应量不仅包括中央银行凭借政治强力发行的基础货币，还包括存款货币通过信用扩张过程创造的货币。根据货币流动性的不同，货币供给可以划分为不同的层次，货币层次的划分，有利于中央银行进行宏观经济运行监测和货币政策操作。通常对货币层次的界定如下：

　　M_0 = 流通中的现金

　　M_1 = 流通中的现金 + 活期存款

　　M_2 = M_1 + 储蓄存款 + 定期存款

　　M_3 = M_2 + 其他短期流动资产（如国库券、银行承兑汇票、商业票据等）

　　货币层次越低，货币的流动性越强，变现越容易。因此，货币的流动性和变现能力，是我们运用货币层次理论时应着重考察的地方。为了扩大货币供应量，物资准备论者最大独特性在于对货币流动性的充分发掘。以山西省银行为例，在发行"新晋钞"替代"旧晋钞"的背景下，山西省银行赋予私人钱庄和票号发行货币的权利，将闲散的社会资金和社会存款纳入发行准备；此外，阎锡山还在农村信用合作社发行"信用合作券"、成立土货商场发行"土货券"，将流动性本来很差的"物产"，通过"物产证券"的形式，纳入到扩大发行和流通的范围内。货币流动性的扩大，意味着央行对货币层次的挖掘，形式上，阎锡山将货币的发行权分散到山西省银行、晋裕银行、铁路银号、垦业银号、盐业银号、县银号和大大小小的私人钱庄票号中，实质上，为了扩大"新晋钞"的货币供给，受阎锡山地方政府的控制的省银行确定了更为丰富的货币层次。设物资准备论者涉及的货币层次为 M' 的话，用公式表示，$M' = M_3 +$ 物产证券。

　　不同层次的货币直接影响着货币的供应量，物资准备论丰富的货币层次，对货币供应量大小的影响具体体现在：

　　首先，扩大的货币层次 M' 增加了基础货币的供应量。在发行准备不足的情况下，通过引入物资作为发行准备，可以将私人钱庄票号的闲散资金、甚至农民的土地、生产者的"土货"和铁路、食盐统统都挖掘作为中央银行的存款准备，实现了现金 C 和存款准备 R 的增加（见图 2.3）。

　　如图 2.3 所示，在使用物资准备之前，线段 AC 表示中央银行能够使用的现金，线段 CR 表示用于发行 AC 现金所需要的存款准备。为了扩大货币的供应，政府一方面，通过换发新钞、扩大新钞发行机构和发行数目的办法，将能够调用现金部分由 AC 增加到了 AC′；另一方面，物资准备丰富和扩大了货币的层次，将地方政府的资产、私人金融机构的民间信用和民间资本以及物资都作为发行准备，可以使空虚的中央银行获得充足的发行准备，扩大了的发行准备，表现为由 CR 线段增加到 C′R′ 线段。CR 的增加又通过货币乘数的作用，使得存款创造的派生存款总额由 CD 扩张到 C′D′，货币层次的扩大，在当时大大增加了货币的供应量。

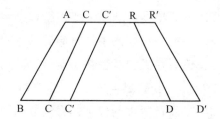

图 2.3　物资准备论扩大货币层次的作用

其次，扩大的货币层次 M′ 增加了货币乘数。由现金和准备金构成的基础货币与货币乘数之间存在紧密联系，货币乘数由现金持有比率和准备金率共同决定，且呈负相关关系。央行的货币乘数公式可以表示为：

$$m = \frac{C/D + 1}{C/D + R/D} = \frac{D/R(1 + D/C)}{D/R + D/C} \qquad (2.1)$$

由式（2.1）中可知，现金—存款比（C/D）与准备—存款比（R/D）均与货币乘数成反比，其中（C/D）又称作通货——存款比，是流通中的现金与商业银行活期存款的比率。一方面，扩大了的货币层次 M′ 客观上使得 C/D 的比例降低，从而增加了货币乘数 m。以山西省的物产证券为例，在物资准备论的指导下，以"物产证券"的形式，"四行"的活期存款事实上得到了快速的扩大，而现金的增加幅度远远赶不上存款增加的幅度，C/D 的比例下降，m 增加。另一方面，阎锡山扩大了的货币层次 M′ 也使得 R/D 的比例降低。R/D 是商业银行持有的总准备金与存款之比，总准备金包括法定存款准备金和超额存款准备金。例如，阎锡山规定以农村信用合作社为例，在农村，只要有 20% 的新晋钞作为准备，就可以发行 100% 的信用合作券；同样的，县银号只要有四成准备，就可以发行十成的省钞。新省钞中的很大一部分都由发行机构自行兑现，这些措施都降低了法定存款准备金率，进而降低了 R/D，增加了货币乘数 m。

最后，扩大的货币层次 M′影响货币的流通结构。流动性指的是货币无成本变现的能力，货币的流动性越强，经济就越活跃。费雪方程式最初的形式是 MV = PY，伴随着货币层次的丰富，费雪方程式扩大为 MV + M′V′= PY，其中，M 是流通中的现金，V 是一定时期内每一单位现金周转的次数；M′为存款货币量，V′为 M′的流通速度；P 为一般价格水平，Y 为全社会商品交易总量。费雪方程式实质上揭示了实体经济和金融之间的关系——如果想让经济快速地发展（Y 增加），可以增加货币的供应或是让货币快速的流通。阎锡山丰富了货币的层次，将 M 扩大成为 M + M′，事实上扩大了货币的供应。此外，由于物资准备理论广泛地调动了民间信用作为准备，货币的流通速度也相应增加，这都会刺激实体经济的恢复和发展。

综上所述，物资准备理论中对货币层次的丰富，不仅增加了基础货币的供应量，而且也通过增加货币乘数增加了派生存款的大小，还影响到货币的流通结构，这对增加货币供给、恢复和刺激当时的经济，都会起到积极的作用。值得注意的是，物资准备理论成功实施的前提在于金融业发展较为充分、信用发展到较高的水平、拥有相对健全的资本市场。在中国金融业近代化向现代化过渡的背景下，物资准备论是由金属论向名目论过渡的产物。尽管在半殖民地半封建社会下的中国，没有一个统一、独立、强有力的中央政府实行这一制度；中华人民共和国成立初期实行的商品物资准备保证制度，在一定程度上借鉴了这一理论，体现了近代银行券制度向当代不兑现信用本位货币制度的过渡。

（3）当代不兑现信用本位货币制度的指导思想——货币名目论

货币名目论认为，货币的价值完全源自政府的规定，政府有权决定纸币的价值，强调政府自我约束对于稳定纸币价值的重要性。较早持有货币名目论观点的是明代的刘基，其"价贵靠威令"等货币国定论，既总结了元朝用纸币代替铸币的正反历史经验，也为明朝制定"厉行集权制度，提高专制权威"、加强货币管理做了舆论准备，奠定了理论基础。名目论的代表人物——钱秉镫认为，纸币"命百则百，名千则千"，同样面对"命百则百，名千则千"的现实，理论金属论者许楩认为这会导致"全国轻之"，货币名目论者钱秉镫却认为，"愚民"会"以之为宝"，只要"官司喜于收受"，就能"民心不疑"，达到"转易流通，增长价例"的目的①。类似地，王鎏也提出纸币"造百万即百万，造千万即千万"，王鎏认为纸币是取之不尽用之不竭的财源，他敏锐地指出，金属货币和纸质货币都是一种价值符号，"至谓钞虚而银实，则甚不然。言乎银有形制，则钞亦有形制；言乎其饥不可食寒不可衣，则银钞皆同"②。名目论者看到了财政收支对于稳定纸币价值、增强纸币信用的作用。近代以来，在世界范围内贵金属不充足的情况之下，我国的货币名目论者也主张放弃金本位，加强政府的管控。严复曾表明，"国虽多金，不必为富，此理至明"③，他认为，金属货币并不能意味着财富，只有流通的货币才有价值，因此，他主张推行纸币，强调纸币供求数量的协调，以维持纸币价值的稳定。章太炎也提出，纸币是货币的符号，他敏锐地意识到，古代的国家信用纸币不具有真正的价值，是统治阶级剥削的工具，但他没有认识到，纸币在发展过程是逐渐用信用性替代商品性的过程。面对发行准备不足的局面，章太炎从另一个角度预言了金本位和金汇兑本位的不足，认为金本位制度会逐渐转变为信用本位，金汇兑本位制度只是过渡形式，这为当代建立在信用本位基础上的人民币制度奠定了基础。事实上，面对古代中国国家信用纸币制度产生的通货膨胀的问题，我们既可以从加强金属准备的方向入手，比如近代推行的银行券制度；也可以从加强政府信用的方向入手，比如当代推行的不兑现信用本位货币制度，这其中的权衡取舍关键在于要符合货币自身发展演变的规律和我国实际的情况，同时兼具内外协调性的纸币制度，才是适合的纸币制度。

2. 4

小结

本章按照时间顺序，分类别、分阶段梳理了中国纸币制度的演变，归

---

① 姚遂. 中国金融思想史［M］. 上海：上海交通大学出版社，2012：289.
② （清）张廷玉. 明史，卷81，食货志［M］. 北京：中华书局，1974.
③ 姚遂. 中国金融思想史［M］. 上海：上海交通大学出版社，2012：381.

纳得到中国纸币制度系统变迁的路径；在此基础上，为了更为深刻地理解我国纸币制度的变迁，本章还探讨了我国纸币思想的演变。中国的纸币制度产生于宋代，最初仅仅是作为金属货币的补充，之后在一定程度上替代了金属货币流通手段和支付手段的职能，后来甚至取得了法定货币的地位。中国古代的国家信用纸币制度基本是中央政府垄断制定和执行的，由于国家信用保证下纸币价值的不稳定，在经历了五百多年的政府财政发行之后，古代国家信用纸币制度最终被近代的银行券制度所取代。从明代中期到新中国成立之前的四百年间，我国纸币制度制定和执行的主体十分分散。按照属性分类，既有政府机构也有商业银行；按照层次分类，既有中央级别也有地方级别；按照组织形式分类，既有新式的银行系统也有旧式的本土金融机构；按照资本来源分类，有国有、民营和外资之分。尽管主体众多，但是这些主体都是由政治金融家主导的，与政府有着千丝万缕的联系，这种联系既变现在纸币推广和流通的业务层面，也表现在纸币制度设计的制度层面。事实上，在半殖民地半封建社会的条件下，近代银行券制度的实施，离不开政府的推广和支持；近代银行券制度能否真正实现十足准备、随时兑现，与政府的财政状况息息相关，这导致了财政垫款现象的普及。之后，人民币制度从建立在商品物资准备上，到直接采用信用本位的货币制度，从计划经济时代僵化的纸币制度逐步过渡到市场经济时代的不兑现信用货币制度。综上所述，我国纸币制度变迁的路径呈现出"不足值准备软约束下的古代国家信用纸币制度——政治金融家主导的近代银行券制度——具有中国特色的信用本位货币制度"这样一条具有我国特色的变迁路径。按照纸币制度发展的阶段划分，在金属论的指导下建立了我国古代的国家信用纸币制度，在物资准备论的指导下建立了近代的银行券制度，在货币名目论的指导下建立了当代的不兑现信用本位货币制度。每一种纸币思想都是由来已久，当其符合特定历史阶段的主客观条件，才能从理论走向实践，在特定类型的纸币思想的指导下，形成特定阶段的纸币制度。

第3章

中国纸币制度系统
变迁的协调性机理

在归纳得到我国纸币制度变迁的路径之后，本章将进一步探讨我国纸币制度变迁路径背后的协调性与不协调性，总结出纸币制度变迁的协调性机理，从而定性地解释我国纸币制度系统变迁的原因，为第4章定量地分析奠定基础。本章首先介绍了纸币制度系统的外部协调性原理和内部协调性原理，其次将协调性原理运用于史实的分析上，证明我国纸币制度的变迁是协调与不协调两种力量共同作用的结果。

3.1
纸币制度系统的协调性原理

金融制度的变迁，根本上就是金融制度系统不断追求内外部共同协调的过程。金融协调理论强调，制度系统要同时达到与外部其他系统的协调，以及和系统内部各要素之间的协调。对于纸币制度系统的金融协调而言，同样需要同时遵循制度系统的外部协调原理和内部协调原理。

3.1.1 外部协调性原理

系统论认为，制度系统的构成要素不健全、要素之间的耦合性不高，整个制度系统的无序性就很明显。制度系统中各制度要素相互作用耦合性较高，整个制系统的有序性高、效率高。系统的自组织以平衡不稳定的方向演进，将制度系统引导向更适应环境变化、具有更复杂的层级结构，形成更高级形式的制度系统。设系统无序增长的速率为 $\varphi = dS/dt$，$\varphi > 0$ 说明存在使得系统存在瓦解的正熵，$\varphi < 0$ 则说明系统存在负熵。一般而言，封闭系统具有不可逆过程，递增的正熵会使系统瓦解，所以，系统需要不断与周围环境进行物质、能量和信息交换，开放性对于系统而言十分重要，对于系统的熵变 dS，记：

$$dS = dS_e + dS_i \qquad\qquad (3.1)$$

其中，dS_i 表示系统内部固有的不可逆的正熵，dS_e 表示外部环境输入的熵，系统能否实现自组织，主要取决于熵的正负。如果 $dS_e < 0$，且 $|dS_e| > dS_i$，意味着系统环境对系统输入了足够的负熵，不仅能够抵消系统内部的正熵，还能有多余的负熵来实现动态有序的状态。

外部环境对系统的影响可以用下式来说明：E（环境）—P（输入）—C（控制中心）—R（输出）—E（环境）。如果从环境输入的信息流、物质流、能量流和原系统一致，系统控制中心会产生与其协调的反映，输出到环境，呈现良性循环，系统的自稳功能会增强；如果输入与原系统存在不一致性，系统会偏离原先的稳定状态（$C_1 - C_2$），从而达到新的均衡。

系统论的熵变理论说明，纸币制度系统的外部协调性与纸币制度系统的变迁是息息相关的。我国纸币制度系统不断受到外部环境输入的影响，这就是纸币制度系统与外部环境的协调问题。具体而言，纸币制度的协调性会带来负熵，提高交易的效率，并在下一次制度变革中得以保留和发展；不协调性会带来正熵，伴随着交易风险的提升，需要用新的制度安排来取代。纸币制度每一次创新都是为下一次创新做准备，创新过程的特殊性导致我国纸币制度变迁路径的特殊性。经济系统与纸币制度系统之间的互动，主要表现在纸币数量这个关键因素之上，纸币数量应当与商品交易的规模相互适应。西美尔指出，在交换中，货币和商人的位置大体相同，即商人是人格化的交换功能，货币是物化的交换功能，商品和货币的对等关系可以抽象表示为：

$$\frac{y}{Y} = \frac{N}{M_m} \qquad\qquad (3.2)$$

其中，等式的左边表示，单个商品 y 占待售商品总额 Y 的比例，等式的右边表示，单项货币额 N 占流通决定的可用货币总额 M_m 的比例，两者在人们的交换心理上是等价的，说明商品和货币价值之间存在一一对等的关系。其中，单项货币额 N 是单个商品 y 的货币表现，用价格 P 来表示；可用货币总额 M_m 是由货币总量 M 和货币流通速度 V 共同决定的，参照费雪方程式的表示方法，$M_m = MV$。因此，我们可以将西美尔的公式（3.2）改写为：

$$\frac{y}{Y} = \frac{P}{MV} \tag{3.3}$$

伴随着商品经济的发展，商品的交换越来越频繁，纸币应运而生，纸币的产生，带来了商品交换进一步的扩展：货币经济条件下，针对货币收支双方相互关系的简单规定，逐渐变成了信用经济条件下，针对复杂收支组织之间相互关系的制度系统。式（3.3）可以用于判断我国纸币制度系统与外部经济系统的协调性，即纸币数量与商品交易规模能否相互适应。

3.1.2　内部协调性原理

系统内部的自稳定机制是系统存在和进化的前提，任何一个复杂的系统，都是由两个或两个以上基本的要素耦合和互斥形成的，对于纸币制度系统而言，不论纸币制度系统如何复杂化，始终是针对纸币偿付、铸造发行和流通监管的许多制度安排的集合。记这些制度安排要素为 Q_1，Q_2，…，Q_n，纸币制度系统 R 是这些要素的非加和整体，见式（3.4）：

$$R = f(Q_1，Q_2，\cdots，Q_n) \tag{3.4}$$

这种非简单加和性体现在，任何一个制度安排都会影响到其制度子系统，进而影响到整个纸币制度系统，用代数表达，即任何一个要素的变化都会影响到其他方程，进而影响到整个方程组（见式3.5）：

$$\begin{cases} \frac{\partial Q1}{\partial t} = f_1(Q_1，Q_2，\cdots，Q_n) \\ \frac{\partial Q2}{\partial t} = f_2(Q_1，Q_2，\cdots，Q_n) \\ \quad\vdots \\ \frac{\partial Qn}{\partial t} = f_n(Q_1，Q_2，\cdots，Q_n) \end{cases} \tag{3.5}$$

　　如果一个系统内部的构成要素相互协调，那么这个系统存在恒定的力，使得系统能够消化涨落并逐步趋于稳定。假设系统 S 的组成部分为 A、B、…、N，在涨落形成过程中，各个组成部分相对于 i 时点稳定状态的误差为 V_{ai}、V_{bi}、…、V_{ni}，而系统状态相对于稳定状态的实际误差为 Vs_i。如果存在 $Vs_i < V_{ai} + V_{bi} + \cdots + V_{ni}$，整个系统的实际特征变量小于各个组成部分变化之和，说明这个系统内部的协调性带来了负熵，系统存在着自稳定的机制，具有内部的自我适应性和自我调节性；如果 $Vs_i > V_{ai} + V_{bi} + \cdots + V_{ni}$，整个系统的实际特征变量大于各个组成部分对于环境变化之和，系统内部的不协调性带来了正熵，系统具有边界瓦解的可能。

　　纸币制度系统的演变过程，既是不断与经济系统协调的过程，也是系统内部构成不断趋于复杂化、现有系统从低级趋向更高级的演变过程。制度系统的内部构成，主要体现在各种具体制度安排之间的层级关系上，即基本制度和派生制度的关系。制度系统的子系统是指具有相同派生关系的集合，各个制度子系统之间存在的相关关系，可以分为耦合、互斥和独立三种。纸币制度子系统内部的要素，即各项具体的制度安排之间，存在着不同的次序关系和相关关系，可以借助图 3.1 的"有向圈线图"来说明。

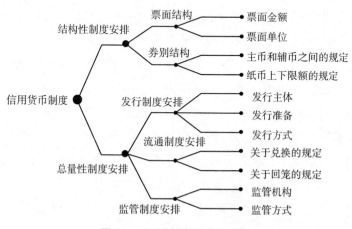

图 3.1　纸币制度系统的构成

　　纸币制度系统中，最基本的两项制度是结构性制度安排子系统和总量性制度安排子系统，结构性制度安排主要是指纸币的面额、单位、主辅币规定构成的子系统，总量性制度安排主要是指由纸币的发行制度安排、流通制度安排和监管制度安排构成的子系统。研究纸币制度系统内部的协调性，应该以纸币制度系统的构成作为研究的起点，在研究各个制度子系统的协调机理之后，再明确整个制度系统是如何从低级向高级进化的。

（1）纸币结构性制度安排的演变

西美尔提到，如果我们把纸币制度看作是人们使用纸币进行交易的交换关系的总和，纸币制度对纸币自身构成的规定和纸币所适用的商品构成是一个问题的两面。这就好比，衡量一个尺子直不直，是通过尺子画的线直不直来体现的，衡量结构性制度安排子系统内部是否协调，需要通过纸币制度自身构成与纸币代表的商品交换关系（包括交换的范围、形式、渠道和数量的发展变化）是否相互适应来体现。按照发展层次由简单到复杂，结构性制度安排子系统，不仅包含单一层次的票面结构，还包含多层次的券别结构。票面结构主要包括对纸币的票面金额和单位的规定，券别结构主要指纸币上下限和主辅币之间的相互关系。

纸币的票面结构和券别结构，是纸币制度最基本的要素，只有规定了纸币的单位和等分，纸币才有统一的计量标准，才能发挥流通计价的作用。通过梳理历代纸币票面结构因素的变化（见表3.1），可以发现，古代纸币的票面结构经历了逐步完善的过程。北宋的交子，最开始的单位为贯，面额也较大。南宋会子适用范围更广，出现了文。到了金朝，纸币在全国范围流通，首次出现了大钞和小钞的划分，还出现了特大钞。元朝的纸币从文到贯，分为若干等。到了近代，银行券制度下纸币的票面结构和券别结构比较混乱，仅就国家发行的纸币而言，清咸丰时期的银票以两位单位，宝钞则以文为单位。光绪时期，银元票以元为单位，制钱票以吊为单位，银两票以两为单位。民国"废两改元"之后，保留了银元本位，采用元为单位，中央统一发行的法币面额，从一元到一百元分七种，后增发十进辅币券。新中国成立以后，采用圆角分为单位，面额多采用"一二五"制。

表 3.1　　　　　　　　　历代纸币结构性制度安排的演变

朝代	纸币单位、面额和主辅币的规定
北宋	私人发行时交子面额不固定，官办时期规定纸币面额有一定的等级。开始分为一贯到十贯共 10 种，到公元 1039 年（宋仁宗宝元二年）改为十贯和五贯两种。公元 1068 年（宋神宗熙宁元年），又改为一贯和五百文两种
南宋	会子面额分为一贯、五百文、三百文、二百文四种，绍兴年间还发行过银会子，面额为一钱银，每年换发一次
金代	贞元年间，印一贯、二贯、三贯、五贯、十贯五等，谓之大钞；一百文、二百文、三百文、五百文、七百文五等，谓之小钞。贞祐年间，发行了从 20～100 贯的大钞，后又发行从 200～1000 贯的特大钞
元代	公元 1260 年（元世祖中统元年）七月，造中统元宝交钞，以丝为本位，以两为单位，交钞二两值银一两。十月，行中统宝钞，分成十等：十文、二十文、三十文、五十文、一百文、二百文、三百文、五百文、一贯、二贯。宝钞一贯值交钞一两，二贯值白银一两，十五贯值黄金一两。公元 1287 年（元世祖至元二十四年），又增发五文宝钞，公元 1309 年（元武宗至大二年）九月，元政府发行至大银钞，从一厘到二两，分为十三等
明代	公元 1374 年（明太祖洪武七年）九月，设宝钞提举司，次年（公元 1375 年）三月，中书省印造大明宝钞，面额共六种：一百文、二百文、三百文、四百文、五百文、一贯。公元 1389 年（明世宗洪武二十二年），加发小额交钞，分十文、二十文、三十文、四十文、五十文共五种
清代	公元 1854 年（清文宗咸丰三年），发行银票和宝钞，银票有一两、三两、五两、十两和五十两多种；宝钞以制钱为单位，票面额分为 250 文、500 文、1000 文、1500 文和 2000 文几种
晚清	晚清时期，大清银行发行银元票、制钱票和银两票，银元票面值为一元、五元、十元、五十元、一百元；制钱票分为两吊、三吊、四吊、五吊、十吊（同"贯"）；银两票有一两、五两、十两、五十两和一百两
民国时期	中央银行发行的银元票一元、两元、五元、十元、二十元、五十元、一百元七种，后合并为法币。1935 年，增发十进制辅币券，有五分、一角、两角三种。各省各自为政，所发纸币票面额不同，有大小多寡之分，银元票有六种组合：一角、二角、五角、一元、五元、十元；亦有八种组合：一元、三元、五元、十元、二十元、三十元、一百元、一千元；甚至只有一元、五元两种组合的。外商银行采用银元本位或是银两本位，革命根据地的纸币依托于法币

朝代	纸币单位、面额和主辅币的规定
当代	1948 年发行的第一套人民币，共有 12 种面额，62 种版别，没有发行辅币，也没有发行金属货币，属于混合制；1955 年发行的第二套人民币，共 11 种面额，16 种版别，人民币进入纸、硬币混合流通的时期，属于"1-2-5 制"；1962 年发行的第三套人民币，共发行了 7 种面额、13 种版别，属于"1-2-5 制"；1987 年发行的第四套人民币共发行了 9 种面额、17 种版别，是"1-2-5 制"为主的"混合制"；1999 年陆续发行的第五套人民币，有 100 元、50 元、20 元、10 元、5 元、1 元、5 角、1 角八种面额，是"1-5 制"为主的混合制

资料来源：李骏耀. 中国纸币发行史［M］. 重庆：竟成出版社，1933.

戴建兵. 中国纸币史话［M］. 天津：百花文艺出版社，2006.

（2）纸币总量性制度安排的演变

任何一张纸币，从其产生到其消亡，都要经历"规划—设计—印刷—调拨—保管—投放—流通—回笼"这样一个完整的生命过程，包含纸币在空间和时间两个维度上的运动。纸币在空间上的运动，表现为纸币在持有者之间的分布和地域空间的规定，纸币在时间上的运动，表现为纸币在流通中持续的时间。纸币制度的总量性制度安排子系统，不仅涉及纸币的发行界限和发行范围的规定，而且涉及纸币生命过程中，发行主体、发行准备、发行方式、收兑与回笼这些构成要素的相关关系，这些要素之间是否协调，决定了纸币总量性制度安排子系统能否达到内部协调，关系到纸币的运行是否高效、纸币价值是否稳定。

通过梳理历代纸币制度的准备金制度，可以发现，宋金时期的纸币是与贱金属如铁钱、铜钱挂钩，到元朝开始与丝和贵金属银挂钩，明初发行的纸币没有准备金，清朝则以银元、银两和制钱为准备金，民国以银元为准备金。通过梳理关于纸币流通和发行的制度安排的演变（见表 3.2），我国纸币总量性制度安排子系统的演变呈现以下规律，纸币发行主体越来越专业化，信用力越来越强，流通的时空范围越来越大，从自由兑换到不可兑换；准备金制度由金属本位过渡到金汇兑本位、再到信用本位货币制度，金融效率越来越高；但同时带来的金融风险越来越大，监管也越来越严格。

表 3.2　　　　　　　　历代纸币总量性制度安排的演变

朝代	发行范围、发行渠道	发行机构与监管制度	发行时限、回笼制度及渠道	主要用途	发行准备
北宋	四川后推广至北方，从"纳钱请交"到国家财政发行	益州交子务	两年一界，"见交付钱"逐步变为"新交"易"旧交"，工本费 30 文	粮食买卖、交税、购买日用品	设置发行限额，以铁钱为本位，每界 36 万贯，准备率 28.7%，兑换比率 1:1
南宋	两浙、淮河、湖北、京西，发行渠道主要包括官俸、兵饷、籴买等消费性支出；土木兴建、公使钱、盐茶酒和坑冶本钱等生产性支出	户部	新会易旧会，三年一界，工本费 20 文，回笼主要是通过钱会中半的税收制度、茶盐酒课和商税	纳税、上供、大额商品交易、日常支付	10 万贯为准备金，多以铜钱计价，河池地区以白银为货币单位，兑换比率 1:1
金代	全国后分界	交钞库	七年一界，后废止，随时兑换新钞	纳税、上供、大额商品交易、日常支付	以铜钱为本位，与辽宋钱并用，兑换比价 1:1
元代	全国通行，禁止金银铜的流通	交钞提举司平准行用库制定《至元宝钞通行条例》，后设立宝泉都提举司专司监管	随时兑换新钞，不分界、不分期限、可永久使用	钱粮赋税、贸易买卖、借贷典押	以丝、银作为准备，允许纸币自由兑现，后严禁金银铜钱的流通；由平准行用库买卖金银、平准钞法、维持钞值；颁布最早的不兑换纸币制度条例
明代	全国通用	提举司负责印刷管理宝钞，下设钞纸局、印钞局、宝钞库、行用库	失控的"倒钞法"，敛钞后转变成增税运动	俸禄、军用和赏赐	纸币本位制，没有发行准备金，禁止金银钱的流通，于公元 1435 年解禁
清咸丰年间	全国通用	官票所、宝钞局、户部的官钱铺	时间很短后废止	地丁、关税、盐课（规定钱钞比例）	银票以实银为发行准备，钱钞以制钱为发行准备，承诺但事实上不可兑现

续表

朝代	发行范围、发行渠道	发行机构与监管制度	发行时限、回笼制度及渠道	主要用途	发行准备
晚清	全国通用	户部银行总号分号、各级商业银行、分散的私营银行，制定《兑换纸币则例》，但政策摇摆	自由发行制度，每日收发、存留、流通及准备金数目上报，随时检查各项出入账簿、表册及准备、现金等项	一般支付手段	以银两、银元和制钱为本位币，实行存储发行准备金制度
民国时期	全国通用	初为四联总处，后由央行独办，采取集中发行制度，制定《统一发行办法》，但政令不出门	为稳定币值，设平市官钱局，曾发行千元万元大钞，后推行金元	一般支付手段	以银元为本位币，曾规定十足现金准备，规定最高限额和法偿性质
建国初期	全国通用，主要有三个渠道：农产品收购投放、工资奖金和信贷	中国人民银行（没有商业银行和央行的划分）"货进来，钱出去，钱进来，货出去"	商品销售、储蓄、财政税收回笼，信贷计划和国民收入计划衔接	唯一法定货币	不与金属货币挂钩，以商品物资为发行准备，信用货币制度
当代	货币发行以买入外汇为主	中央银行和商业银行分别运作	结售汇制度	法定货币	不与金属货币挂钩，以外汇储备为发行准备，信用货币制度

资料来源：李骏耀. 中国纸币发行史［M］. 重庆：竟成出版社，1933.
戴建兵. 中国纸币史话［M］. 天津：百花文艺出版社，2006.

　　纸币制度系统和外部经济系统之间，纸币制度系统内部各个组成要素之间存在协调性和不协调性，决定了纸币制度系统变迁的方向。我国纸币制度变迁的历史是一部金融协调史，每个阶段的纸币制度都遵循"协调则兴盛，不协调则衰亡"的历史规律。在纵向梳理我国纸币制度系统变迁方向的基础上，需要深入探讨，在不同类型纸币制度系统的内外部，协调与不协调力量是怎么共同作用的，进一步揭示纸币制度系统变迁背后的根源。

3. 2

古代国家信用纸币制度的协调性分析

在古代国家信用纸币制度的初创和发展时期（北宋至金），由于封建商品经济的发展与铜钱数量有限性之间的不协调，纸币制度应运而生。国家信用纸币制度产生之后，解决了商品交易中货币数量不足的问题，却产生了"纸贱铜贵""铜币驱逐纸币"的不协调表现，国家贮藏铜币的不足，使得纸币成为事实上的不兑现货币，出现了偶尔的"禁铜"，从而为正式确立不足值准备软约束下、全国范围内的国家信用纸币制度埋下了伏笔。在古代国家信用纸币制度的鼎盛时期（元朝），为了解决铜币驱逐纸币的不协调问题，政府强制禁铜，纸币成为政府强制规定的、在全国范围内流通的、唯一法定货币，全面建立了封建国家信用保证的、政府垄断发行的纸币制度。解决了"铜纸之争"，却带来了新的不协调，主要表现在纸币价值的不稳定。为了解决这一问题，明代确立了贵金属本位制，为民间建立银行券制度奠定了基础。

3.2.1　金融协调使古代国家信用纸币制度走向全盛

古代国家信用纸币制度系统内在的稳定力量，是纸币制度系统的外部协调性和内部协调性共同作用的结果，金融协调使古代国家信用纸币制度走向全盛。

（1）从古代国家信用纸币制度的外部协调性来看

外部协调主要表现为在一定程度上，古代国家信用纸币制度与商品交换的需要相协调，将当时的实际和公式（3.3）结合可知，等式左边的 Y 上升，意味着等式右边的 M_m 也要同等增加。在我国早期商品经济时期，商品与货币之间最突出的矛盾，就是"钱荒"现象（MV < Y）。纸币自身轻便易携、材料易得、自身价值可以忽略的特性，决定了纸币流通较为方便、具有比较低的搜寻成本和谈判成本的优点，纸币的出现一方面增加了货币的供应量 M_m，另一方面也提高了货币的流通速度 V，从而使得 MV

和 Y 相匹配，解决了"钱荒"问题。我国的纸币最初是由国家信用保证的、弥补上币缺位和下币不足的货币替代品，纸币产生之后的"铜纸之争"，推动了纸币制度的改革。设纸币的总额是 M_1V_1，铜币的总额是 M_2V_2，纸币发行之初，一旦政府出于财政的目的滥发纸币，纸币很容易就会贬值，表现为纸币和铜币价值的不对等。根据公式（3.3），商品总量 Y 不变的情况下，如果纸币的发行量较大，而且纸币与铜币相比具有更快的流通速度（V 很大），使得 MV > Y，就会表现为物价 P 的轻微上涨。当纸币的供给量过大（$M_1 > M_2$），就会出现纸币驱逐铜币的现象，此时，人们更多积累铜币而加速花销纸币，纸币的流通速度增加，$V_1 > V_2$，导致 $M_1V_1 > M_2V_2$，用纸币表示的物价 P_1 大于用铜币表示的物价 P_2，造成市场价格波动、市场秩序混乱，使得整个市场交易的交易成本增加。为了解决这一矛盾，稳固纸币的法定地位，政府往往采用回收纸币、限制铜钱的方法，减少 M_1、平稳 V_1、增加 V_2，以平衡纸币和铜币的构成。总之，使用纸币替代钱币、赋予其流通货币的地位，是与早期商品经济阶段的货币数量、流通速度和流通范围相互协调的，我国纸币制度在产生和发展过程中，有效地节约了内在交易成本，纸币制度体现出一定的合理性和优越性。

（2）从古代国家信用纸币制度的内部协调性来看

第一，票面结构的制度安排具有内在协调性。

古代国家信用纸币制度的票面结构和其适用的商品结构相协调，这种协调性节约了交易的成本、提高了交易的效率，是古代纸币结构性制度安排子系统中较为稳定的部分。在北宋交子产生的初期，作为铁钱的代表，纸币依附于铁钱而存在。北宋时期，曾出现交子票面单位金额的变化，但是根据高聪明先生的研究，公元 1068 年（宋神宗熙宁元年），新发行的五百文是建立在新铁钱基础上的，实际上仍相当于用旧铁钱表示的一贯。《宋朝事实》记载，"逐界交于十分内纽定六分书造一贯文，四分书造五百文，重轻相权，易为流转"[①]。推导如下：

小铁钱：大铁钱 = 6.5：12

代表小铁钱的旧交子一贯 = 6500

---

① （宋）李攸. 宋朝事实，丛书集成本［M］. 北京：商务印书馆，1936：232.

代表大铁钱的新交子一贯 = 12000

代表大铁钱的新交子五百文 = 6000 ≈ 代表小铁钱的旧交子一贯

代表小铁钱的旧交子一贯 6500 × (1 + 60%) ≈ 代表大铁钱的新交子一贯 12000

从这一变化过程可以看出，交子的面额和单位与铁钱的面额变化相一致，交子的票面结构是由铁钱的票面结构决定的。北宋的交子，最初主要服务于四川地区的大额交易，如粮食买卖和税收缴纳，其上限是十贯，下限是五百文，票面金额单位比较大，体现出与四川当地大额商品交易结构相协调的特点。南宋时期，会子流通于两浙、淮河、湖北、京西等地，使用会子进行交易的范围越来越广、交易的内容也越来越丰富，用途扩大到了买卖田宅和交通工具上，因此，会子的票面结构规定为"一贯、五百文、三百文和两百文"，在"文"这一单位层次上规定了三种金额，充分反映了会子适应交易金额的变化，更加方便地化整为零、便于找补，便利了交易。金朝的情况则有所不同，由于金朝地处北方且采铜技术水平较低，加之战争开支较大，长期处于"铜荒"的状态。较之宋朝，金交钞适用范围更广泛、用途更多样。金交钞首次出现了大钞和小钞的分别，以贯为单位的大钞和以文为单位的小钞，各自又分为五等，与交钞适用的商品结构相协调，方便交换使用。元朝的纸币使用范围较前代更为广泛，"钱粮赋税、贸易买卖、借贷典押"都可以使用，与之协调，每级单位上元钞金额的规定更为丰富，且能够与各种类型的商品交易相适应。应该说，元代纸币制度对于票面结构的规定已经比较成熟，达到了古代国家信用纸币制度系统发展高峰。

第二，纸币的收兑、回笼渠道和发行主体、发行方式相协调。

宋金元时期的纸币是由国家负责发行的，纸币的发行与收兑的方式与国家财政资金的流动相吻合。纸币的收兑、回笼渠道和发行主体、发行方式相协调，这种协调性可以节约大量的人力物力，进而节约了交易的成本、提高了交易的效率，构成纸币制度自身结构中较为稳定的部分。北宋纸币的发行机关是益州交子务，主要针对四川地区，后来扩展到北方，之后又陆续增加了交子分界、发行限额、准备金等制度，发行方式也从商人主导的"纳钱请交""见交付钱"变为"商民请领"、财政支出、购置官物的办法。回笼交子的途径主要是"则官出金以收之，而不使常贱，贵则官散之，以示其称提，使之势常平，而无此重彼轻之弊"，还允许使用交子纳税，有利于稳定币值、增收节支。金代交钞制度事实上扩大了纸钞流通的时间范围和地域范围，提高了使用纸钞的交易效率。一是取消了七年界限，二是实行"合同交钞"——在流通的纸币上加盖"合同"印章，限定合法流通的行政区域；它借助政府的渠道，把纸币发行收兑的范围扩散到全国，其中既有中央政府与地方政府的"合同交钞"，又有各路之间的"合同交钞"，还有各府之间的"合同交钞"。到了元朝，与大一统的元帝国相互适应，元代纸钞流通不限地区，全国通行，而且纸币广泛使用在经济生活的方方面面，政府用财政收支作为信用保障，便于充分利用元政府强大的财政力量。

3.2.2　金融不协调使古代国家信用纸币制度衰败

古代国家信用纸币制度系统内在的不稳定力量是系统内部和外部不协调性共同影响的结果，金融不协调导致古代国家信用纸币制度最终走向衰败。

（1）从古代国家信用纸币制度的内部不协调性来看

这种内部不协调性，主要表现在券别结构的内在不协调性和国家信用保证缺乏制约两点上。

第一，券别结构的内在不协调性。

古代国家信用纸币制度中的内部不协调性，主要体现在纸币的券别结构不够协调，这种不协调性不利于维持纸币的价值稳定，提高了交易面临的风险，是结构性制度安排内部不稳定的部分，需要不断地进行金融制度创新得以优化。

纸币的券别结构是指纸币上、中、下限，大、中、小额票面之间的整体以及主币与辅币之间的关系。结构性制度安排子系统的演变是内部协调和不协调两种力量共同推动的结果，较之票面结构，券别结构具有更复杂的层次性，体现的是各种票面之间的数量比例和质的关系。其实，这一不协调性，从开始就蕴藏在古代国家信用纸币制度的结构性制度安排之中，只是在结构性制度安排发展的初级阶段，票面结构占主要矛盾，券别结构是次要矛盾。随着商品经济的发展和主要矛盾的解决，券别结构上升为主要矛盾，不协调性开始显现。具体而言，纸币发展到元代以后，地位得到很大的提高，甚至可以和金属铸币相互抗衡，票面种类也极大地丰富了。此时，纸币和金属铸币的主辅关系，以及纸币的大、中、小面额之间的相互关系能否内在协调，成为结构性制度安排子系统的关键。换言之，拥有单一层次票面结构的制度安排具有内在的协调性，推动了纸币制度的发展；伴随着层次的复杂化，券别结构制度安排的不协调性日益凸显，成为古代国家信用纸币制度被近代银行券制度取代的原因之一。

首先，大额券别纸币和小额券别金属铸币功能错配、主币辅币不明。事实上，中国古代的纸币虽然具有较大的票面价值，但是并不能离开金属铸币独立完成交换的任务。不论面额的大小，纸币都只能作为"弥补上币缺位和下币匮乏的替代品"而存在，券别结构的问题主要涉及到纸币和金属货币之间的关系。在宋代之前，我国货币实行的是"贵贱相权制"，大额交易和价值贮藏使用贵金属，小额交易和流通使用贱金属，各行其道、相得益彰。正如彭信威先生说："战国、秦汉，勉强可以说是金钱平行本位，六朝、隋、唐是钱帛平行本位。"唐中期以后，伴随着统一封建王朝商品经济的发展，货币制度以铜为中心，向贵金属金银和贱金属铁、锡展开。然而金属货币供给量的日益不足制约了金属货币制度独挑大梁，宋代之后逐步采用了钱钞并行的制度，图 3.2 用简明的图表，展示了中国古代货币本位的嬗变过程。从图中我们可以看到，在纸钞产生之后，货币经济经历了盛衰交替的局面。

时期	春秋战国	秦	两汉	魏晋南北朝	隋唐	五代十国	两宋	金元	明	清
货币经济历史趋势	盛 ↗	衰 ↘	盛 ↗	衰 ↘	盛 ↗	衰 ↘	盛 ↗	衰 ↘	盛 ↗	衰滞 ↘
货币本位	金（钱）			钱（帛）		（铁铅）钱	钱（钞）		（银）钱	

图 3.2　中国古代货币本位的嬗变过程①

---

① 张杰. 中国的货币本位困境：历史根源与演进机理 [J]. 东岳论丛, 2009, 30 (8): 5 – 25.

一般来讲，一个稳定的货币制度，功能分配需要与面额匹配（见图3.3a）。大额货币数量少、流通少、价值稳定，充当支付手段和价值贮藏的职能，小额货币数量多、流通快、价值较低，通常充当日常流通和零星交易的职能。关键问题在于，古代的纸币仅仅能够承担支付手段和流通手段的职能，价值贮藏职能却只能由纸币所代表的低值小额金属货币来完成，大额纸币和小额金属铸币发生了功能错配（见图3.3）。

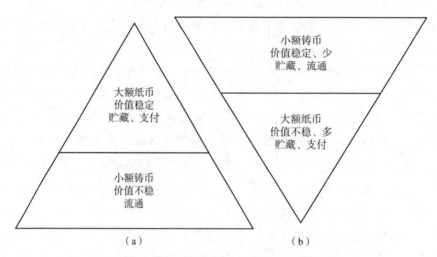

图3.3　大额纸币和小额铸币功能的匹配与错配

铜钱数量较少，对应的日常交易需要量却很大；纸币面额很大，对应价值贮藏职能价值却不稳定。价值稳定的小额铜币，既要承担流通手段的职能，又要承担价值贮藏的职能，这加剧了铜币数目的不足。拥有较大面额的纸币，既要承担政府债务的支付手段，又要承担流通手段的职能，加之政府逐渐增加的发行量，加剧了纸币价值的不稳定性。特别是在通货贬值的时候，大额券别纸币和小额券别金属铸币的功能错配，迫使政府实行"钱禁"，加剧了小额金属货币的沉淀，使得"钱荒"现象更加突出。

其次，纸币面额的上下离差较大，加剧了纸币价值的不稳定性。我国古代纸币的面额完全由政府决定，在市场流通能力的限制下，单位纸钞的票面金额越大，其内涵的价值越低，越不利于执行纸钞的流通手段和支付手段的职能；同时，我国古代的小钞，缺乏财政收支和国家信用作为价值保证，往往流于形式，客观上使得纸币的面额上下限离差很大。制造成本差不多的纸币票面金额相差甚远，使得纸币本身的膨胀性十分明显（见图3.4）。例如，金宣宗贞祐年间，发行过从200贯到1000贯的特大钞，加剧了交钞的贬值。咸丰时期发行的宝钞面额初分为250文、500文、1000文、1500文和2000文几种，后政府使用宝钞收回大钱，面额膨胀到5000文、1万文、10万文，这种看似荒谬的金额，实际上是纸币券别结构不协调的必然结果。

图3.4　纸币面额上下离差

券别结构自身的矛盾，决定了纸钞在历朝历代相似的命运，即纸钞使用初期，往往信用良好，纸币越流通、钱币越沉淀，加剧了"钱荒"，出现"劣币驱逐良币"的现象；之后，政府不得不增发纸钞弥补"钱荒"，导致纸钞轻微贬值；人们偏好使用金属铸币和实物货币（金银为主），替代贬值的纸钞行使流通手段和支付手段的职能，出现"良币驱逐劣币"的现象；政府为了稳定纸钞的流通，积极实行"钱禁"，并利用财政收支的手段强化纸钞的信用，不得不印制更多的纸币，以满足流动性的需要；之后，纸钞开始加速贬值，出现严重的通货膨胀，公众不得不完全使用实物货币、贵金属或金属铸币，代替纸钞执行流通手段和支付手段，纸钞制度被迫废止，在每个朝代末期，政府印制的大钞，更是直接加剧了这一进程。

政府通过赋予纸币国家信用的保证，以及率先使用纸币的表率，希图稳定纸币的价值。然而，纸币制度券别结构自身存在的不协调性是根深蒂固的，这种内部的不协调在明清时达到了极致，成为古代国家信用纸币制度中断的原因之一。明清之前，在纸钞发生贬值的时候，金银等贵金属事实上扮演了上币或主币的角色，迫使纸钞下降为中档货币，客观上形成了纸钞价值事实上的上限，支撑了纸钞制度。到了明代，与前朝相比，对券别结构的规定延伸到了贵金属金银上，导致明代宝钞制度的券别结构内在矛盾十分突出。明代不仅禁钱，还禁止金银等贵金属的一切流通，并且规定，民间金银可以兑换成宝钞、宝钞却不能兑现金银的单向兑换制度，加之旧钞不易置换新钞，导致旧钞积压贬值。一方面，明代的宝钞没有发行准备、又不能兑换；另一方面，纸币在大额商品交易中占据垄断地位，客观上使得纸币有无限上涨的动力。明中叶，政府不得不解除"银禁"和"铜禁"，宝钞最终因为严重贬值而名存实亡，"朝野率用银，其小者乃用钱"①。在明朝确定银本位制的基础上，明确贵金属的主币地位和贱金属的辅币地位，实现大额纸币与小额铸币的功能匹配；用贵金属作为发行准备，能对纸币的发行起到约束的作用，确保其价值稳定并规定其法偿性；在充分实践的基础上，规定银票和官票的数量比例、统一单位，逐渐理顺纸币的券别结构，为近代银行券制度奠基。

第二，国家信用保证缺乏制约。

古代国家信用纸币制度依赖的是中央集权国家的财政信用作为保障，由于国家信用缺乏制约，这种信用自身存在脆弱性，纸币的发行、收兑和回笼，具有极大的随意性和财政偏好性，这种矛盾在历代末期尤为突出。

南宋纸币推广到全国后，一开始就面临发行本钱不足的问题，加之发行量大，官府缺乏铸币兑现，纸币出现轻微贬值。如果真正实现随时的足值兑换，政府需要储备大量的金属，这显然与南宋政府发行利用纸币的初衷相悖，不仅不利于缓解钱荒、不利于增强流动性，而且大大加重了政府的财政负担。在这种条件下，南宋政府已经逐步转向依赖国家信用保障会子价值的办法。使用国家信用作为发行纸币的准备，虽然能够增加纸币的发行量，但是也增加了币值不稳定的风险，尤其是在国家信用力自身受到威胁的情况下，政府很容易采用牺牲纸币稳定的方式，保证其政权的稳定。在纸币制度实施的晚期，往往会出现恶性的通货膨胀，纸币制度最终

① （清）张廷玉．明史，卷81，食货志［M］．北京：中华书局，1974．

会伴随着国家信用力的衰败而崩溃。

两宋末期，都曾面临纸币发行失控、恶性通货膨胀的局面。南宋回笼纸币的办法是采用金、银、钱、度牒等收兑，实行财政收支中的"钱会中半"等多种方法，维持会子信用。度牒和"钱会中半"的办法，实际上就是承认会子纳税的合法性，相当于用未来税收作为担保、以国家信用保证会子的价值。然而，这种方式也带来了更大的风险，南宋末年交子滥发，政府准备严重不足，无力通过收兑的方式缓解交子的贬值，人们"弃交用钱"。宋朝末年的记载如实地反映了这一现象："自权臣用兵，楮之造印日多，而楮之折阅日甚。上之人急于秤提之，故当旧楮之界未满，而新楮之出已颁，豪商巨贾爱箧旧藏，一旦废弃，尽为无用之物。国失大信，人启疑心，何怪其畏避而不敢收蓄哉？所以新楮颁行之后，市井不通，反以弥甚。小民嗷嗷，操楮四走，无所易泉，幸而得售，不啻如有意外之后。推寻其源，皆由上失信而下生疑耳。虽复今日遣体访之使，明日罪不收之家，岂不均为纷纷欤？"①

金元面临同样的问题，金末军费开支大增，交钞面临恶性通货膨胀，极度不稳定。金政府强行推行滥发纸币的策略，缓解燃眉之急，出现了恶性的通货膨胀，表现为"南渡之初，至有交钞一十贯不抵钱十文用者"，"钞每贯仅直一钱，曾不及工墨之费"②。面对前朝纸币信用的崩坏，元政府不得不先以行政命令的方式，禁止金银钱的流通、强制使用纸币，与此同时，积极采取措施，保证纸币与金银钱的同等流通力。为了稳定纸币的币值，元政府选择了强化国家信用的保证力度，这种加强体现在：一是在政府内部设立独立的部门，专门负责纸币的发行和收兑，与财政部门形成内部的制衡；二是规定随时以新易旧，保证元钞价值不受票面新旧的影响；三是规定一切纳税均可用钞，用更大比例的未来税收作为交钞的保证。这些总量性制度安排，强化了纸币发行主体与发行方式、发行渠道的协调性，却使得纸币的有效收兑与发行准备之间的不协调性更加大了。元代的纸币基本上完全依赖国家信用作为保证，风险大增，元代末年的通货

---

① （元）脱脱. 宋史，卷30［M］. 北京：中华书局，1985.
② 刘祁. 归潜志，卷10［M］. 北京：中华书局，1983.

膨胀，较之前代更为严重。元末公元1302年至公元1303年间（元成宗大德六年至元成宗大德七年），云南战事告急，纸币发行量大增。公元1310年（元武宗至大三年），共发行至大银钞145万锭，合中统钞3600多万锭，通货数量剧增。公元1329年（元文宗天历二年），流通中的纸币，比至元钞发行前增加了七八倍，比至元十二三年，增加了30倍到60倍。顺帝即位以后，由于内政失修，各路连年水旱成灾，起初还可以用粮食来赈济，后来就只能全靠发行纸币了。然而，发行越多，纸币越不值钱，饥民纷纷起义。诗人王冕提到"米粟斗直三十千"，也就是一斗米值三万钱，纸钞几乎一文不值。到了明代，明政府干脆取消了发行准备和兑换制度，纸币的发行成为了无本之钞，这使得国家信用的脆弱性更加突出，使得大明宝钞的风险大大超过了它可能带来的交易成本的节约，这种内部的不协调性最终成为大明宝钞失败的又一个原因。清代的纸币更是不顾纸币运行经济规律，成了临时缓解财政压力、满足国家财政意志、依靠国家强制力推行的、透支国家信用的空头支票。

（2）从古代国家信用纸币制度的外部不协调性来看

这种外部不协调性，主要表现为古代国家信用纸币制度不能适应商业革命的要求。纸币制度的背后是货币的商品性和信用性之间的博弈，作为金属货币的代表，古代纸币具有商品性，同时国家信用保证则更多地体现古代纸币的信用性。古代纸币制度建立初期，政府信用薄弱，强调金属准备的约束支撑纸币，而纸币的流通能够强化政府的信用，此时，纸币往往价值比较稳定，还能够促进经济的增长；古代纸币制度建立中期，越加依赖政府信用，此时纸币的商品信用保证逐渐降低，财政滥发造成政府信用的透支，逐渐使古代国家信用纸币制度失信于民。明清时期，我国发生了商业革命，根据公式（3.2）的要求，在更大规模、更高层次的商品经济发展水平上，等式左边 Y 大幅度上升，因此当时商品信用发展水平要求纸币能够实现随时的兑换，以实现等式右边的货币流通速度 V 和货币流通总量 M_m 大幅度地增加，古代国家信用纸币制度价值不稳定的缺点就凸显出来了，相对而言，贵金属面额大、价值高且稳定、能有效调节货币流通量的特点，和这一时期的商品经济发展水平更为协调，从而获得了法定货币制度的地位。

3.3

近代银行券制度的协调性分析

在近代银行券制度产生时（明中期~1848 年），纸币并没有因为政府放弃发行而消失，政府对民间纸币发展的自由放任，促使民间非正式纸币制度蓬勃发展，依靠商业信用的、足值兑现的民间纸币制度，满足了商品经济发展对商品资本的需求，促进了商品经济的蓬勃发展。这种方式的不协调性主要表现在民间纸币流通范围的进一步扩大需要政府的认可与保护，解决的方法是强化民间金融机构与政府的合作，利用政府信用强化民间纸币的信用。在近代银行券制度发展时期（1848~1948 年），种类众多的本外国民间纸币与货币主权统一性之间的矛盾成为当时纸币制度不协调的最主要表现，解决的方法是借鉴西方和民间银行的经验，建立了地方与国家银行的银行券制度，后来统一于法币制度。这一时期纸币制度最大的不协调性表现在，商品交易对具有独立主权纸币制度的需要与半殖民地半封建社会不独立的国家主权之间的矛盾。内忧外患中，纸币制度不能够真正实现独立，法币制度和金圆券制度最终以失败告终。

3.3.1　金融协调使近代银行券制度得以发展

根据金融协调理论，近代银行券制度进一步地发展，是近代银行券制度系统外部协调性和内部协调性共同影响的结果。

（1）从近代银行券制度的外部协调性来看

这种外部协调，主要表现为近代银行券制度与中国的商业革命相协调。纸币兼具商品性和信用性，近代银行券制度更多地使用商业信用取代国家信用，作为纸币发行准备的制度。通过前文的分析，古代国家信用纸币制度采用的财政发行方式，并不是一种理想的方式，因为国家较难被替代，其本身存在着短期利益和长期利益，所谓的发行准备，也只能扮演一个软约束的职能。当纸币的商品性（发行准备）和信用性（国家信用）相互冲突的时候，很容易违背市场规律，纸币本身也不能被维持。相比较而言，近代银行券制度替代古代国家信用纸币制度，是纸币制度的商品性与信用性相协调的结果。中国商业革命时，民间率先产生了非正式的银行券制度，适应了资本主义萌芽时期商品经济发展的需要。近代银行券的产生，顺应了市场规律，是建立在商品经济的发展和民间商业资本积累基础上的，纸币的商品性和信用性是相互统一、相互促进的。近代银行券制度产生之初，面临着竞争和替代者的威胁，更能顺应经济社会需要，有效调节当时的货币供求，体现了商品性和信用性相协调的优势。事实上，在这种纸币制度下，纸币的商品性和信用性能够实现相互促进。

（2）从近代银行券制度的内部协调性来看

这种内部协调性，主要表现为发行制度安排和收兑制度安排有效的协调。首先，民间银行券制度，体现了发行制度安排与收兑制度安排之间的协调。民间票号以及后来的商业银行，均用充足的金属货币作为担保，建立了严格的发行准备制度，形成对纸币信用的硬约束。建立在充足发行准备基础上的纸币，其信用性是建立在商品性基础上的，利用纸币的商品性调剂纸币的余缺，能够充分发挥商品性对纸币发行数量的约束作用。民间的银行券制度，其发行随盈利与风险大小灵活伸缩，不断完善自身制度的建设，为国家银行银行券制度的建立提供了示范。

其次，国家银行银行券的制度设计，也体现了发行制度与收兑制度的协调。民间的银行券制度，诱致了国家银行银行券制度的建立，引发了我国纸币制度新一轮的自上而下的强制性变迁。明清时期，纸币制度是在本土金融机构和信用发展的基础上，汲取了国外先进的经验形成的。近代国家银行的银行券制度已经十分重视发行准备的约束力，体现出对纸币信用规律的重视。清末光绪时期，晚清政府成立大清银行，负责大清银行兑换券的发行，并颁布《兑换纸币则例》。一方面，清政府保留了发行方式和收兑渠道的协调，规定大清银行属于国家所有，从总行到分行号一律设置发行机构，专门负责纸币发行事宜；另一方面，面对国家信用发行准备与纸币有效收兑的不协调性，大清银行仿照西方中央银行制度，设立了存储发行准备金制度，由专门的科负责，每日上报、随时检查，并于每星期、每月、每季、每年编制总表、以供查核。大清银行还规定了连贯的纸币准备金制度，减小国家财政收支状况对纸币发行的影响，避免自由发行的行为，从制度上确保纸币价值更加稳定。尽管当时四分五裂、内忧外患的局面，导致大清银行兑换券的失败，但是它较古代的国家信用纸币制度更加完善，对中国近代纸币制度的发展有深远的影响。

在大清银行的准备金制度的基础上，国民党政府的法币制度又更进一步，将商品性和信用性充分结合起来。1935年，国民政府推行法币改革，将纸币的发行权划归四行，1942年，交由中央银行垄断货币发行权。国民政府通过强制收兑白银和换购外汇的办法，筹足了保证金，还设定了严格的法定准备金制度。规定法币发行采取"金银六、外汇四"的弹性比例制；此外，还由财政部、国家四行、银钱业及商业代表共同组成发行准备管理委员会，"每月定期检查准备库一次，并将发行数额及准备金种类数额分别公告，并呈财政部备案"①。国民政府首次引入了民间力量作为公众一方的代表，共同监督发行准备的情况，以保证纸币的信用力；国民政府还将法币与美元挂钩，实行金汇兑本位制，希图在本国金银不足的情况下，借助外币的力量，间接保证币值的稳定。在此基础上，国民党政府建立了官股控制的中央银行制度，这样的制度安排一方面能够保留收兑渠道和发行主体的协调性，另一方面也通过存款准备制度加强了央行信用，体现了一种整体优化的规律。

总之，进入到近代银行券制度这一阶段，在民间金融机构实行商品性约束信用性制度安排的基础上，国家银行也越来越重视贵金属的保证、重视运用商品和货币流通的市场规律，考察纸币的制度实际，有意识地将纸币制度的商品性和信用性相互结合、将信用制度与代用货币相互结合，以维持纸币价值的稳定、促进纸币的商品性和信用性相协调，这种协调促进了我国近代银行券制度的发展。

3.3.2　金融不协调使近代银行券制度中断

根据金融协调理论，近代银行券制度中止，是近代银行券制度系统内部不协调性和外部不协调共同影响的结果。

---

① 中华民国货币史资料：第二辑 [Z]. 上海：上海人民出版社，1991：199.

（1）从近代银行券制度的内部不协调性来看

第一，近代银行券的发行主体不统一。

近代银行券发行主体众多，以商股为主要保证的有本土的金融机构和商业银行；以官股为主要保证的有地方的官钱银号和省银行、国有的商业银行和中央银行；以外国货币资本为保证的还有各种外资银行。不同发行主体发行的纸币，种类、票面、兑换比例、流通区域、流通条件都各不相同，导致相互之间的交易非常不便、交易成本高。从明中期到民国长达四百年的时间里，市场上充斥着钱票和银票、商业银行银行券、国家银行的纸币、地方省银行发行的纸币，加上在华流通日益广泛的外国钞票，杂乱无章流通的纸币对中国的货币主权造成严重破坏，使中国的货币制度发生紊乱，中国经济也面临崩溃的边缘。当时的有识之士也认识到，纸币的发行和流通关乎国家的经济命脉和经济安全，纷纷向朝廷建议统一纸币制度，以求挽救民族危机。

第二，近代银行券制度的票面结构和券别结构混乱。

纸币制度的混乱和货币制度的混乱是分不开的。正如张国辉（1997）所说的那样，清朝市场上充斥着各式制钱、私钱、铜元、银元、民间纸币，还有外国银元和纸币的流入，大清货币主权几乎丧失殆尽。在这种背景下，纸币自然也是十分的混乱，例如，大清银行发行的银行兑换券，银元票面值为一元、五元、十元、五十元、一百元；制钱票分为两吊、三吊、四吊、五吊、十吊（同"贯"）；银两票有一两、五两、十两、五十两和一百两，反映出混乱的券别结构和票面结构。鸦片战争以后，中国被迫卷入到全球货币制度的共振当中，伴随着外来强权的入侵和中国半殖民地化的进程，近代银行券票面结构和券别结构的混乱，在北洋政府时期达到了极致，由地方官钱票号改制形成的省银行分而治之，各自发行的纸币也是种类繁多、名目纷杂，有银两票、银元票、制钱票、铜元票，无主辅之别也无新旧之别。票面结构就更为复杂，如银元票有一角、二角、五角、一元、五元、十元六种的，亦有一元、三元、五元、十元、二十元、三十元、一百元、一千元八种的，也有一元、五元两种的，银两票有一两、三两、五两、十两、二十两、五十两六种的，也有一两、五两两种的，制钱票分一吊、二吊、三吊、五吊、十吊、五十吊、一百吊七种的，也有一串、五串两种的；平色和计算单位的换算更是复杂，银元票有大银元票与台伏票，小银元票与毫洋之分，银两票有按通行平色计算的，也有同时行使几种平色不同的银票的，制钱票的计算也同制钱一样复杂。北洋军阀时期省银行发行纸币的现象，从一个侧面反映了中央政府势力衰微、地方政府势力膨胀的现实。

国民政府时期，国民党政府先是通过"废两改元"达到统一本位币的作用，之后又通过法币改革，收兑繁杂多样的各式货币，统一实现金汇兑本位制，使纸币的价值脱离了银价，纸币信用得以扩张。法币制度明确规定了主币、辅币之间的地位，引入现代的十进制，暂时实现了纸币券别结构的统一。以中央银行发行的法币为例，票面结构有一元、两元、五元、十元、二十元、五十元、一百元七种，1935 年增发十进辅币券，有五分、一角、两角三种。然而这些规定不是市场自由选择，而是政府强制的结果，券别结构不协调的根源还没有完全地消除。法币之后的金圆券同样具有混乱的票面结构，自 1948 年 8 月正式流通到 1949 年 7 月废止的短短 10 个多月里，从 100 元涨到了 50 万元、100 万元甚至 500 万元，共计发行了 50 个券种，其中主币券为 47 种，辅币券为 3 种。另有已经印制但未进入流通的主币券 8 种，辅币券 1 种，未印制之试样票 7 种。其面值有"壹角""贰角""伍角""壹圆""伍圆""拾圆""贰拾圆""伍拾圆""壹佰圆""伍佰圆""壹仟圆""伍仟圆""壹万圆""伍万圆""拾万圆""伍拾万圆""壹佰万圆""伍佰万圆"共 18 种。这些史实反映了近代银行券制度与货币统一性要求之间的不协调，这种不协调性增加了交易成本和交易风险、降低了交易效率，需要纸币制度不断地创新优化。

（2）从近代银行券制度的外部不协调性来看

这种外部不协调，主要表现为近代银行券制度与纸币的独立性要求之间的不协调。商业信用水平的发展，要求纸币制度具有充分的灵活性，纸币的发行机构和发行决策能够充分适应市场的需要，根据市场交易情况的变化及时调剂余缺。但是，我国近代的银行券制度缺乏独立性和灵活性，对外受到国际主要资本主义国家的干预，对内仍然经常沦为政府财政发行的工具。

对外而言，外国商业银行发行的纸币，严重破坏了我国货币的主权。

1894 年以后，外国资本主义列强对中国的剥削方式由赤裸裸的商品输出转为资本输出，通过投资的办法收取高昂的贷款利息，取得巨大的经济利益。孙中山曾指出，外国商业银行通过印钞、存款和汇兑进行经济剥削，外币和殖民统治相互配合，成为掠夺我国财富的重要手段。事实上，外国商业银行的纸币发行，不仅严重扰乱了我国金融的秩序，而且还通过纸币的发行控制了我国的金融命脉。

对内而言，伴随着近代银行券制度的发展，代表财政利益和政府偏好的国家信用对纸币制度的影响仍然大于商业信用。首先，民间以商业信用为保证的银行券需要政府的承认和保护，并通过承办政府财政业务，促进其发行的银行券广泛地流通和使用，客观上导致了商业信用与国家信用彼此交织、密不可分。商业银行也积极地将资本投入到买卖政府公债中，根据《偿还内外短债审查委员会》记载，"东西各国（公债）普遍利率不过六七厘，其超过一分者已屑罕见。一各行昧于国家观念，视为投机事业，巧立回扣手续汇水各项名目，层层盘剥，与利息一并算计，恒有至五分以上者，殊属骇人听闻"①，如此厚利，使商业银行甚至以"超过资本领数倍"之款借给北京政府以博大财，而视投资工农业为危险之极之事。其次，中央银行是国家动用政权的力量组建的，央行实际上仍然受到政府控制，独立性和监督性较弱，只有执行权，却没有决策权。要建立统一的法币制度，首先需要建立统一的发行机构，从而产生了对中央银行制度的需要。在西方，中央银行是独立于财政发行的、以商业银行存款准备和商业股份等作为发行准备的，根据市场对货币的需要独立制定货币发行和流通政策的机构，拥有独立的权力。我国当时的中央银行代理发行制度，却是脱胎于政府财政发行制度的，央行带有政府信用和商业信用混合的色彩。最后，纸币的发行权仍牢牢掌握在官僚资本集团的手中，纸币的信用性带有很深的国家信用烙印，纸币制度仍反映出政府的财政偏好。北洋政府时期，省银行经常依赖于地方政权的信用发行纸币，军阀混战导致各地纸币滥发贬值的现象屡见不鲜。依附于官股和商股的商业银行数量众多，常常被迫垫款给北洋政府，1916 年 5 月还曾被袁世凯政府命令停止提存付现。

---

① 崔晓培．中国实业银行概况研究［D］．河北师范大学，2009：9．

到了国家银行这一层次，尽管统一发行的法币制度有一套严格的发行准备管理办法，但是为了应付巨大的军费开支，1937 年，国民政府修改发行准备制度，将发行准备扩大到了短期商业票据、货单、股票和内债等，并逐步放开法币的发行限额，最终于 1941 年 3 月停止公布发行数据，之后法币不断贬值，出现了恶性通货膨胀。法币制度崩溃之后，国民政府无视国家财力基础和市场承受能力，建立了无发行准备的金圆券制度，通过滥发金圆券掠夺了大量的财富，造成中国历史上最严重的恶性通货膨胀。近代银行券制度虽然有商业信用的保障，但是政府信用的影响更大，商业信用从属于政府信用。国家银行发行的银行券的商业信用保证只适用于治世，在乱世的时候仍然习惯于借助政府信用，代表政治意志、财政利益的政府信用的影响力，超过了代表足值准备、自由兑换的商业信用保证制度。

3.4

小结

我国纸币制度从一个阶段发展到另一个阶段，是一个不断追求金融协调的动态过程。纸币制度的每一次创新，均会带来交易效率的提高和交易成本的降低，但与此同时，也会带来新的金融风险和其他不协调的表现，这需要纸币制度不断地创新，以解决上一次制度变革带来的问题，实现新的金融协调。然而，制度的创新始终是把双刃剑。制度的变革，一方面能够促进原有问题的解决，实现暂时的金融协调；另一方面却会带来新的问题，诱发新的不协调。纸币制度系统不断追求内部和外部金融协调的过程，就是纸币制度变迁的过程。

古代国家信用纸币制度产生之初，不仅与封建商品经济早期发展阶段的外部环境相协调，而且其票面结构设计合理，发行主体、发行方式和纸币的收兑、回笼渠道彼此适应，具有内部协调性，在一定程度上促进了封建商品经济的发展。我国的纸币制度同时经历了政府主导的自上而下的变迁和公众诱发的自下而上的变迁，伴随着古代国家信用纸币制度的发展，券别结构、国家信用缺乏制约的内部不协调性开始显现，由于不能适应外部经济系统商业革命的要求，最终被近代银行券制度取代。近代银行券制度产生之初，与中国的商业革命互相推动，对内实现了发行和收兑制度安排的协调，对外推动了我国商业革命的发展。然而，在半殖民地半封建社会的大背景之下，近代银行券的发行主体、票面结构和券别结构混乱的内部不协调性开始显现。对外而言，政治金融家经常顺应财政意志、滥用国家信用增发纸币，加之外资银行的干扰，共同对我国纸币的独立性造成破坏。内外不协调共同导致近代银行券制度被人民币制度所取代。

通过分析我国古代的国家信用纸币制度和近代银行券制度背后的金融协调机理可知，当面对不协调的时候，在遵循纸币制度自身演化规律的基础上，纸币制度的变迁最终是由政府和政治金融家们主导的。金融协调理论从定性的角度、从理论上推导了我国纸币制度变迁背后的原因，此外，要更深入地理解我国纸币制度变迁的原因，还需要从定量的角度，分析政府和其他社会组织在追求金融协调这一动态过程中的支付和收益，以及他们相互之间的博弈关系和均衡解。

第4章

中国纸币制度系统变迁的博弈均衡机制

在理解我国纸币制度变迁协调机理的基础上，本章运用博弈论定量分析这种协调性和不协调性的根源，进一步揭示中国纸币制度变迁路径形成的原因。本章重点研究的是中国纸币制度系统的结构和功能，纸币制度系统的结构决定了纸币制度系统的功能，纸币制度系统的功能体现纸币制度系统的结构。

系统的结构，是指系统内部各个子系统和要素之间的时空联系总和，包含了物质、能量和信息的交换，要素的特性决定了子系统的性质，要素的平均规模决定了系统结构的差异程度，要素的联结方式最终决定了系统的实现性（苗东升，2010）。本章选择委托代理模型分析我国纸币制度系统的结构，其中，古代国家信用纸币制度适用于简单委托代理模型，近代银行券制度适用于双重委托代理模型的分析。委托代理模型的构建揭示了处于二重结构两端的政府和公众，在我国纸币制度系统构建过程中的相对位置及策略互动的基本特性。

系统的功能是系统结构更为丰富的外在表现，系统的结构决定了系统的功能，系统的功能在一定程度体现了系统的结构。系统发展的原因在于系统内部要素结构涨落的差异性和协同性，因为有了差异，才有可能获得发展，因为有了协同，才能最终实现进化。对于纸币制度系统的变迁而言，公众和政府利益的诉求既有差别，又彼此合作，朝着整体的目标前进。委托代理模型主要突出了政府和公众利益的差异性，却淡化了政府公众利益的协同性，因此，在分析纸币制度系统的功能时，我们采用了更为中立的、更能体现动态性的博弈树模型，并着眼于纸币制度的确立、周期性纸币滥发制度安排两个核心，阐释了纸币制度系统内部的政府和公众，是怎么在委托代理的二重结构下，既竞争又合作，共同发挥系统功能的。

4.1

中国纸币制度系统的结构——基于委托代理模型的分析

制度路径生成的阶段，是制度系统内部稳定性力量和不稳定性力量共同作用、形成路径涌现的过程。纸币制度系统内部存在的不同利益集团的角力，带来了系统内部力量和从环境输入力量的变化，最终导致系统按照某一条路径发展下去，逐渐实现由不稳定到稳定、由无序到有序的自组织形式，这也就是路径形成的原因，这种不同利益主体的特性和联结方式，就是本章研究的纸币制度系统的系统结构。

张杰（1998）研究发现，我国金融制度变迁根本上受二重结构的支配。他认为，我国历来缺乏对于产权的规定和保护，"普天之下，莫非王土；率土之滨，莫非王臣"，一端是力量强大的集权国家，另一端是分散而虚弱的普通平民，制度变革缺乏中间力量的参与和推动。我国底层的民众缺乏促进经济增长的能力，也没有这样的意愿；而国家不仅有这样的意愿，也有这样的能力。而西方社会，因为存在完善的产权保护制度，中间力量强大且稳定，国家是为保护中间力量的产权而存在的。因此，西方金融制度变迁往往是自下而上的诱致型的变迁，更多地体现的是中间力量的意愿和偏好。在我国的二重结构下，货币制度是由国家控制的、以国家信用为保证的，更多体现地是财政的意志和国家的偏好，体现了国家对长短利益的权衡取舍，其背后是共容利益和狭隘利益之间的博弈。

我国的金融制度变革，大多是自上而下的强制式的制度变迁，而这样的制度变迁，带有非常明显的国家偏好色彩和国家意愿。一方面，纸币产生的初始条件和制度环境，是封建的自给自足的商品经济，纸币是以民间的商业行为为基础的，其顺利的推行同时依赖于其在社会各个阶层的流通，并最终由商品经济的发展所决定；另一方面，纸币制度依赖于政府出面的强制性变革，往往成为封建国家或地方政治势力有力的经济杠杆被控制和管理，这种桎梏始终存在于封建纸币制度的始终。因此，在分析我国纸币制度变迁原因的时候，二重结构理论同样适用。当政治意志、财政利益与货币运行的经济规律协调的时候，纸币制度往往运行良好；当政治意志、财政利益与货币运行的经济规律掣肘、分离的时候，纸币制度往往失效。如果统治者注重维持纸币价值的稳定，会对纸币制度做出积极的改进，强化国家信用，当国家信用本身遭遇威胁的时候，政府往往依靠滥发纸币以缓解财政压力，造成国家信用透支、纸币制度的崩坏。

"制度变迁变化的供给，主要取决于一个社会各既得利益集团的权利结构或力量的对比"，利益集团之间的相关关系问题，就是纸币制度系统结构的问题。在纸币制度系统的博弈中，形成了不同的利益团体，是其他社会组织和政府两极的相互博弈，共同推动了纸币制度系统的演化。我们首先运用委托代理模型，说明纸币制度系统中政府和其他社会组织构成的二重结构，接着运用博弈树模型，阐释在这种结构下政府和其他社会组织既竞争又合作的策略互动过程，展开说明这种二重结构是怎么发挥功能、动态决定我国纸币制度变迁的路径的。

4.1.1 古代国家信用纸币制度的简单委托代理关系模型

纸币制度在产生之初，是民间的一种自发行为，由富商发行并承诺兑换。然而，商人逐利的本性和信用实力的不足，都成为纸币发展的桎梏。纸币作为金属货币的补充和替代，势必是与国家信用联系在一起的，是由政府出面，以国家信用力为保证、稳定币值，其他社会组织也最终选择国家发行。在明朝政府取消纸币发行之前，我国的纸币都是以国家财政开支和收入的形式推行的。因此，对于古代中国而言，纸币制度的实质是政府财政的货币化，是典型的自上而下推行的，滥发纸币是政府财政赤字政策的需要。此时，其他社会组织是推行纸币制度的委托人，政府的财政部门扮演着代理人的角色，他们之间的委托代理关系如下（见图 4.1）。

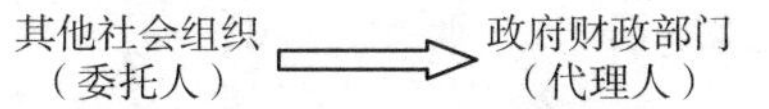

其他社会组织 ⟹ 政府财政部门
（委托人） （代理人）

图 4.1 简单委托代理结构模式

事实上，纸币的使用能够为其他社会组织节约大量的交易成本，其他社会组织作为初始委托人，希望维持币值的稳定，这也是纸币最初兴起的原因。政府作为博弈的另一方，存在着双重利益，一方面，要努力维持公共的利益，以维持政权的稳定；另一方面，政府希望通过纸币流通获得铸币税收入，减少财政压力。因此，对于纸币发行的垄断者——政府而言，其扮演双重的角色，一方面，需要保证纸币价值的稳定；另一方面，政府存在着滥发纸币这一悖德行为的可能。在政局安定时，纸币制度强调的是纸币价值的稳定和纸币数量伴随着经济的同步扩展，此时，稳定币值、防伪、回兑旧钞、支持流通成为第一要务；在国家财政困难时，为了弥补国家财政不足，政府千方百计地推行不足值的纸币，又成为当务之急，滥发纸币的制度安排包括：纸币的不足值准备制度、大额纸币的发行以及纸币不可兑现。

面对政府的悖德行为，其他社会组织可以用手投票或是用脚投票，放弃使用纸币或是寻找新的公共利益代表人。记：其他社会组织联合抵抗的程度为 μ（即选用替代品威胁的可信度），$1-\mu$ 表示政府通过发行纸币获得寻租收入的空间；若其他社会组织的效用函数为 U，U =（M_1，K_1，C_1），M_1 表示纸币的推广和使用能够给其他社会组织带来交易成本的节约，K_1 表示政府道德风险行为给其他社会组织带来的额外损失，C_1 表示其他社会组织选择使用纸币承担的成本（风险）。记政府的效用函数为 V，V =（M_2，K_2，Ce，R_2），M_2 表示政府通过使用纸币节约的交易成本，K_2 表示政府由于推行纸币制度所获得的铸币税收入，包括通过道德风险行为能够额外增加财政收入、减轻中央政府预算压力的数目，Ce 表示政府的努力成本，R_2 表示道德风险行为导致政府丧失垄断地位的风险。

设 η 为政府财政收支信息公开的比率（政策收益的透明度），则（$1-\eta$)K 表示政府能够依靠道德风险行为、增加财政收入的余地，其中 K 表示政府悖德行为带来的收益额，由于政府所得的铸币税收益来自其他社会组织承担的损失，因此 $K = -K_1 = K_2$。设纸币的发行能够减少的交易成本 M 由社会公众和中央政府分享，则 $M_1 = M_2 = \frac{1}{2}M$。假设社会公众承担的成本为 $C_1 = \frac{(1-\mu)^2}{2}$，其中，联合抵抗能力 μ 越大，则其他社会组织承担的成本（风险）C_1 越小；政府的努力成本为 $Ce = \dfrac{1}{2}be^2$，其中 b 是系数，e 是努力的程度，由于 e 可能是负数，因此我们用 e 的平方来代表努力程度的大小；政府承担的风险为 $R_2 = \rho\dfrac{K(1-\eta)^2}{2(1-\mu)}$，政府承担的风险 R_2 随着道德风险行为能够增加的铸币税收入 $(1-\eta)K$、信息不对称的程度 $1-\eta$，以及其他社会组织联合抵抗能力 μ 的增加而增加，ρ 是政府的绝对风险规避度量，$\rho > 0$ 意味着风险规避，$\rho = 0$ 意味着风险中性。

设其他社会组织的预期收入为：

$$U = \frac{1}{2}M - (1-\eta)K - \frac{(1-\mu)^2}{2} \tag{4.1}$$

政府的预期收入为：

$$V = \frac{1}{2}M + (1-\eta)K - \frac{1}{2}be^2 - \rho\frac{K(1-\eta)^2}{2(1-\mu)} \tag{4.2}$$

假设 M 和 K 是外生的，古代国家信用纸币制度的委托代理模型可以抽象成两个最优值的确定，第一阶段是其他社会组织确定 μ 使得 U 最大；第二阶段是政府根据联合的程度 μ，选择信息公开系数 η，我们采用逆向推导法确定各个阶段博弈的均衡解：

第一步，求 η 的值使得政府的收入函数 V 最大

$$\max V = \max\left\{\frac{1}{2}M + (1-\eta)K - \frac{1}{2}be - \rho\frac{K(1-\eta)^2}{2(1-\mu)}\right\} \tag{4.3}$$

$$\frac{\partial V}{\partial \eta} = 0,\ \text{解得}\ \eta = 1 - \frac{1}{\rho} + \frac{\mu}{\rho} \tag{4.4}$$

第二步，在已知 η 的条件下，求 μ 使得其他社会组织的收入函数 U 最大

$$\max U = \max\left\{\frac{1}{2}M - (1-\eta)K - \frac{(1-\mu)^2}{2}\right\} \tag{4.5}$$

$$\text{s. t. } \eta = 1 - \frac{1}{\rho} + \frac{\mu}{\rho}$$

解得

$$\mu = \frac{K}{\rho} + 1 \tag{4.6}$$

$$\eta = 1 + \frac{K}{\rho^2} \qquad\qquad (4.7)$$

由公式（4.6）和公式（4.7）可知，其他社会组织的联合对抗程度 μ，取决于 K 和 ρ，政府道德风险行为获得的收益 K 越大，其他社会组织的联合对抗程度 μ 也就越高；政府的风险规避程度 ρ 越高，其他社会组织的联合对抗程度 μ 也就越低。政府的信息公开程度 η 也取决于 K 和 ρ，政府道德风险行为获得的收益 K 越大，政府信息越公开；政府的风险规避程度 ρ 越高，政府信息公开的程度则越低。为了维护自己统治的稳定，大多数时候，政府属于风险厌恶型，其他社会组织则放心地把监督权交于政府，而政府一般都不会公开自己的信息。对于古代国家信用纸币制度而言，选择财政发行纸币，信息不公开使纸币的价值波动随着政府财政的状况波动，这么做的结果，增加了道德风险的收益，其他社会组织深受其苦，成为古代国家信用纸币制度的最根本的矛盾，也是风险的根源，伴随着封建集权国家的发展，这一矛盾日益突出。古代国家信用纸币制度发展的顶峰是在元代，到明代最终不能被维持。

4.1.2 近代银行券制度的双重委托代理关系模型

明朝政府停发纸币之后，纸币逐渐进入分散自由发行的银行券阶段，商业银行、地方官银钱行号和民间金融组织都可以发行纸币。通过之前的分析，近代银行券制度，是在与政府有着千丝万缕联系的政治金融家主导下完成的，此时，纸币制度系统符合多重委托代理结构。公众是推行纸币制度的委托人，政府充当着双重角色，既是公众的代理人，又是将纸币的发行和监管职能委托给政治金融家的委托人，政治金融家扮演着最后代理人的角色，他们之间的委托代理关系如下（见图4.2）：

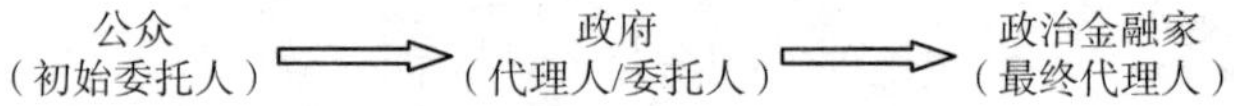

图 4.2 双重委托代理结构模式

银行券制度的推行，存在着双重委托代理关系，公众作为初始委托人，主要的诉求是希望维持币值的稳定、为日益频繁的交易节约大量的交易成本。对于政府而言，其扮演双重的角色，一方面，作为代理人，需要保证纸币价值的稳定，以应对磅亏、维持国家经济秩序的稳定；另一方面，作为委托人，政府有通过货币发行获得隐形铸币税收入、财政收入的动机。博弈模型是分为两个等级进行的。第一个等级是指公众对政府的委托，公众联合对抗的行为包括弃用纸币或继续使用地方官银、外商银行和民间信用机构的纸币，若公众联合对抗的力度用 f 表示，则 $1 - f$ 就表示政府的寻租空间。第二个等级是政府委托政治金融家这一层次，也是我们讨论的重点。记政府对政治金融家的监督力度为 μ，$1 - \mu$ 则表示政治金融家独立于政府的空间，合谋行为包括设定高昂的贷款利息、滥发钞票、秘密命令银行垫款等形式。

记政府的效用函数为 U，$U = (M，K_1，C_1)$，M 表示政府由于推行银行券制度所获得的收益，K_1 表示合谋行为能够给政府带来的收入，C_1 表示合谋行为的成本（主要是针对政府对公众这一层来说的）。政治金融家的效用函数为 V，$V = (I，K_2，Ce，C_2)$，I 表示业务合同收入、K_2 表示合谋的收益、Ce 表示努力成本，C_2 表示政府和政治金融家合谋行为的沟通成本。设国家发行银行券的总收益为 L，β 表示政治金融家从中获得的比例，S 表示政府对政治金融家履职的正常报酬，政治金融家预期的合同收入 I 是 $S + \beta \times L$，$(1 - \beta)L$ 表示由政府获得的收益。η 为政治金融家信息公开的比例，政府的账面收入 $M = \eta[-S + (1 - \beta)L]$，$(1 - \eta)[-S + (1 - \beta)L]$ 则表示政治金融家和政府合谋的行动余地。在合谋行为增加的收益中，由政府获得比例的倒数为 ϕ，政府通过合谋获得的收益 $K_1 = \frac{1}{\phi}(1 - \eta)[-S + (1 - \beta)L]$，政治金融家获得的收益是 $K_2 = \left(1 - \frac{1}{\phi}\right)(1 - \eta)[-S + (1 - \beta)L]$；假设政府合谋行为的成本为 $C_1 = \frac{(1 - \mu)^2}{2(1 - f)}$，与公众联合对抗力 f 成正比，与政府对政治金融家的监督力度 μ 成反比；政治金融家的努力成本 $Ce = \frac{1}{2}be^2$，其中 b 是系数，e 是努力的程度，由于 e 可能是负数，因此我们用 e 的平方来代替努力程度的大小；合谋行为的沟通成

本 $C_2 = \dfrac{(1-\eta)^2[-S+(1-\beta)L]}{2(1-\mu)}$，沟通成本随着合谋行为增加的铸币税收益 $(1-\eta)[-S+(1-\beta)L]$、信息不公开的程度 $1-\eta$、监管成本 μ 的增加而增加。在接下来的讨论中，我们规定预期的收益 L 等于政治金融家的努力程度，即 $E(L)=e$。

假设公众的联合对抗程度 f、政府对政治金融家的委托收入 S 是外生变量，且国家和银行的预期收益函数是公开的，近代银行券制度推行的委托代理模型，可以抽象成一个四阶段的完全信息动态博弈模型。第一个阶段是政府确定政治金融家获得的收益比例 β；第二个阶段是政治金融家根据 β 确定的努力程度 e；第三个阶段是政府决定监管的力度 μ；第四个阶段是政治金融家根据监管的强度 μ，选择信息的公开程度 η，我们采用逆向推导法，确定各个阶段博弈的均衡解：

设政府的预期收入为：

$$U = \eta[-S+(1-\beta)L] + \frac{1}{\phi}(1-\eta)[-S+(1-\beta)L] - \frac{(1-\mu)^2}{2(1-f)} \quad (4.8)$$

政治金融家的预期收入为：

$$V = (S+\beta L) + \left(1-\frac{1}{\phi}\right)(1-\eta)[-S+(1-\beta)L] -$$
$$\frac{1}{2}be^2 - \frac{(1-\eta)^2[-S+(1-\beta)L]}{2(1-\mu)} \quad (4.9)$$

第一步，求 η 的值使得政治金融家的收益函数 V 最大

$$\max V = \max\left\{S+\beta L + \left(1-\frac{1}{\phi}\right)(1-\eta)[-S+(1-\beta)L] -\right.$$
$$\left.\frac{1}{2}be^2 - \frac{(1-\eta)^2[-S+(1-\beta)L]}{2(1-\mu)}\right\} \quad (4.10)$$

$$\frac{\partial V}{\partial \eta}=0, \text{ 解得 } \eta = 1 - \left(1-\frac{1}{\phi}\right)(1-\mu) \quad (4.11)$$

第二步，在已知 η 的条件下求 μ 使得政府的收益函数 U 最大

$$\max U = \max\left\{\eta[-S+(1-\beta)L] + \frac{1}{\phi}(1-\eta)[-S+(1-\beta)L] - \frac{(1-\mu)^2}{2(1-f)}\right\}$$
$$\quad (4.12)$$

$$\text{s. t. } \eta = 1 - \left(1-\frac{1}{\phi}\right)(1-\mu)$$

解得

$$\mu = 1 + \left(1 - \frac{1}{\phi}\right)^{2}(1-f)\left[-S + (1-\beta)L\right] \tag{4.13}$$

$$\eta = 1 + \left(1 - \frac{1}{\phi}\right)^{3}(1-f)\left[-S + (1-\beta)L\right] \tag{4.14}$$

第三步，在已知 μ 和 η 的情形下，求 e 使得 Vmax

$$\max V = \max\left\{S + \beta L + \left(1 - \frac{1}{\phi}\right)(1-\eta)\left[-S + (1-\beta)L\right] - \right.$$
$$\left. \frac{1}{2}be^{2} - \frac{(1-\eta)^{2}\left[-S + (1-\beta)L\right]}{2(1-\mu)}\right\} \tag{4.15}$$

$$\text{s. t. } \mu = 1 + \left(1 - \frac{1}{\phi}\right)^{2}(1-f)\left[-S + (1-\beta)L\right]$$

$$\eta = 1 + \left(1 - \frac{1}{\phi}\right)^{3}(1-f)\left[-S + (1-\beta)L\right]$$

解得

$$e = L = \frac{\beta + \left(1 - \frac{1}{\phi}\right)^{4}S(1-\beta)(1-f)}{b + \left(1 - \frac{1}{\phi}\right)^{4}(1-\beta)^{2}(1-f)} \approx \frac{\beta}{b + \left(1 - \frac{1}{\phi}\right)^{4}(1-\beta)^{2}(1-f)} \tag{4.16}$$

第四步，在已知 μ、η 和 e 的情况下，求 β 使得 Umax

$$\max U = \max\left\{\eta\left[-S + (1-\beta)L\right] + \frac{1}{\phi}(1-\eta)\left[-S + (1-\beta)L\right] - \frac{(1-\mu)^{2}}{2(1-f)}\right\} \tag{4.17}$$

$$\text{s. t. } \mu = 1 + \left(1 - \frac{1}{\phi}\right)^{2}(1-f)\left[-S + (1-\beta)L\right]$$

$$\eta = 1 + \left(1 - \frac{1}{\phi}\right)^{3}(1-f)\left[-S + (1-\beta)L\right]$$

$$e = L = \frac{\beta + \left(1 - \frac{1}{\phi}\right)^{4}S(1-\beta)(1-f)}{b + \left(1 - \frac{1}{\phi}\right)^{4}(1-\beta)^{2}(1-f)}$$

解得

$$\beta = \frac{(1-f)(e-S)\left(1 - \frac{1}{\phi}\right)^{4} + 1}{(1-f)\left(1 - \frac{1}{\phi}\right)^{4}e} = 1 - \frac{S}{e} + \frac{1}{(1-f)\left(1 - \frac{1}{\phi}\right)^{4}e} \tag{4.18}$$

通过分析均衡解，我们可以得出以下结论：

第一，在其他条件不变的情况下，监管程度 μ、政治金融家信息公开的比例 η 这两个变量同公众的联合对抗力度 f 均成正比。因为 $[-S+(1-\beta)L]$ 为正数，公众的联合抵制程度 f 越大，从式（4.13）中可以得出，政府对银行的监管越严格；从式（4.14）中可以得出，政治金融家公开的信息越接近真实的收益，意味着政府和政治金融家采取合谋行为的空间比较小。因此，公众为了减少合谋行为发生的可能，会增加联合对抗的能力，还强调政府对政治金融家的监管。然而，在银行券滥发的初期，公众往往不会及时地做出反应，只有当滥发的银行券超过了一定的限度，公众才会选择用脚投票。

第二，政治金融家的努力程度 e、发行银行券的收益 L 这两个变量同政府对政治金融家履职的报酬 S 均成正比。这意味着，如果政府对政治金融家推行银行券提供较高的报酬，政治金融家会努力推行这一政策，这种努力会带来更大的收益，形成正向反馈。反之，如果政府没有给政治金融家足够的报酬，银行券就不能很好地推行。事实上，政府对政治金融家发行和推广纸币的支持尤为重要，一旦政府不支持，就会对政治金融家的收益打击很大，比如袁世凯曾因国用不足命令中交两行停止兑现，导致当时的中交两行承担很大的压力。

第三，政治金融家分享收益的比例 β，是由 S 和 f 共同决定的。当公众联合对抗的力度 f 一定的时候，对于政治金融家而言，获得的委托报酬 S 越大，政治金融家与政府之间的关联越密切，银行越依赖于政府，政府分享的收益比率 $1-\beta$ 越大。反之，政府给予政治金融家的报酬越少，政治金融家只能转而依靠其他市场主体，以谋求盈利，政府分享收益的比率 $1-\beta$ 越小。

回头来看这个博弈模型，在第一个阶段，为了能够获得较大比例的利益共享，政府会增加对政治金融家履职的报酬 S，并且规定一个较小的 β，获得一个较大比例的 $1-\beta$，使政治金融家对政府更加依赖；在第二个阶段，政治金融家会选择一个较大的努力程度 e；在第三个阶段政府会决定一个较小的监督力度 μ，公众则选择一个较大的监督力度 f；在第四个阶段政治金融家会选择较小的信息公开程度 η，以留有充分的合谋空间。

在这种多重委托代理的系统结构下，一方面，公众出于对政府的不信任，为了阻挡政府和政治金融家之间的合谋的可能，从一开始就存在消极抵抗的倾向；另一方面，政府和政治金融家之间会形成一种默契，采取合谋的策略谋求共同收益的最大化。当政府财政信用良好的时候，会注重银行券的发行准备；政治金融家则将价值稳定的银行券贷款给政府，获得高额的利息回报；当政府财政信用危机的时候，双方又会合谋滥发纸币，追求短期利益，损害银行券的信誉。这样的结果往往是公众的不信任、政府与政治金融家相互勾结并存的局面，这种矛盾是近代银行券制度不协调的根源。比较而言，西方的银行券是信用和资本主义发展到一定程度，由银行资本家主导的，是商人阶层在做国家的生意，合谋可能比较小。而我国的银行券制度是政府和政治金融家主导的，大部分时候都是采用强制性变迁的方式，在其产生和发展的过程中，存在合谋的可能性和必然性，这造就了我国近代银行券制度阶段的独特之处。

解决合谋问题的尝试，是将银行券的发行、集中并垄断在中央银行手中，相当于在政府和政治金融家之外，成立了一个相对独立的第三方，形成互相制约的局面。关键在于树立公众对央行独立性的信心，真正使 S 成为一个外生变量，减少政府财政对央行收入的依赖度 β，促进央行独立的努力程度 e，选择较大的监督力度 μ，强化央行的信息公开程度 η，这样才能够实现良性循环，从系统内部实现协调。

4.2

中国纸币制度系统的功能——基于博弈树模型的分析

前面揭示了在我国纸币制度变迁的过程中各个利益主体的相互关系，说明了我国纸币制度系统的结构。在系统结构的决定下，纸币制度系统功能的表现则更为复杂和多样。在古代中国，国家垄断发行纸币的原因，是私人富商发行的交子信用力的不足，国家被迫放弃垄断纸币的原因，是国家信用力保证的纸币信用不足；近代以来，民间纸币产生之初，拥有较好的信用力和稳定性，具有较低的交易成本，能够与当时商品经济的发展水平相协调，但是其进一步的发展，又迫切需要借助于政府的力量、与政府信用相结合。由此可见，我国纸币制度变迁的过程是政治金融家主导的、以自上而下的强制性变迁为主，但是其他社会组织选择的影响也不容忽视，两者既竞争又合作，有差异有协同。由于其他社会组织和政府的互动，基本遵循货币自身发展规律和市场规律，呈现出强制型制度变迁和诱致型制度变迁彼此结合、交替进行、共同作用的局面。

博弈树模型是研究政府和其他社会组织这两个行为主体之间关于纸币制度策略互动的有力工具，通过构建政府和其他社会组织非合作完全信息动态博弈模型，分析纸币制度系统功能地实现，其中主要的参与人为政府和包括商户和个人在内的其他社会组织，两者利益有时存在一致性，有时则是冲突的，但两者基本不存在签订有约束力的合约的可能，因此属于非合作博弈（即所有行动都是独立行动，强调一个人进行自主的决策，而与这个策略环境中的其他人无关）。在纸币制度变迁的博弈过程中，两个参与人的行动有先后顺序，这种博弈属于动态博弈，也称"多阶段博弈"，常用逆向推导法。

4.2.1 纸币法定货币地位的确立

政府和其他社会组织行动有先后，对于是否将纸币上升为国家的法定货币、以国家法定制度的形式固定下来，由政府先行动，之后其他的社会组织据此做出相应的决策，双方对彼此的收益、策略等信息都心知肚明且具有独立自主决策的身份。

对于政府而言，它有两个策略选择：

X_1：将纸币确定为法定货币；

X_2：继续使用金属货币作为法定货币。

对于其他社会组织而言，它有两种策略选择：

Y_1：接受纸币作为法定货币；

Y_2：不使用纸币。

则可以构建博弈树模型如下（见图4.3）。

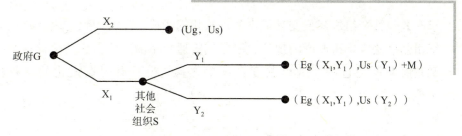

图 4.3　纸币制度确立模型

如果政府继续使用金属货币的策略，不论对于政府还是其他社会组织而言，其收益仍然保持初始值，记为（U_g，U_s）。此时，如果其他社会组织 S 选择接受纸钞作为法定货币的制度（策略 Y_1），获得的收益为 $U_s(Y_1) + M$，其中 M 表示采用更便捷的交易手段带来的交易成本节约、交易效率提升的额外收益。如果其他社会组织选择拒绝纸钞作为纸币的制度（策略 Y_2），获得的收益为 $U_s(Y_2)$。采用逆向推导法，其他社会组织的收益 $U_s(Y_2)$ 与继续使用金属货币时的收益 U_s 相同；如果拒绝使用纸币，则有 $U_s(Y_1) + M < U_s(Y_2) = U_s$；如果接受纸币的法定货币地位，则有 $U_s(Y_1) + M > U_s(Y_2) = U_s$。在其他社会组织能够接受纸币制度的预期下，政府是否选择推行纸币，取决于 U_g（策略 X_2 的收益）与 $E_g(X_1，Y_1)$（策略 X_1 的收益）大小的比较。当 $E_g(X_1，Y_1) > U_g$ 时，政府会赋予纸币制度法定货币制度的策略；当 $E_g(X_1，Y_1) < U_g$ 时，政府不会强推纸币制度。

结合模型，在其他社会组织已经认可纸币作为异地支付的凭证、纸币具有较高信用力的前提下，纸币给其他社会组织带来的交易成本的节约 M 足够大，使得 $U_s(Y_1) + M > U_s(Y_2) = U_s$，其他社会组织只会选择 Y_1，即接受纸钞作为流通纸币。此时，政府面临的是 $E_g(X_1，Y_1)$ 与 U_g 的比较，不论是在古代国家信用纸币制度还是近代银行券制度确立的时期，政府都面临现存金属货币无法满足日益增长的财政和市场交易需要的问题，而纸钞造价低廉、储备金比例要求较低、交易费用低廉，特别是有较低的制造成本和谈判成本。因此 $E_g(X_1，Y_1) > U_g$，政府最终选择推行纸币制度。可以说，政府是充分考虑了纸币的可接受性和信用度、纸币对节约财政支出的有效性之后，才确立了纸币的法定地位，此时政府获得财政收益的诉求和其他社会组织降低交易成本的诉求相辅相成、保持一致，因此，确立纸币制度法定货币制度的地位，赋予其流通货币的地位，是其他社会组织和政府共同的选择，纸币制度在产生之初，就具有内在强化的自我稳定性。

4.2.2 周期性的纸币滥发

在纸币制度确立之后，历史上周期性的纸币滥发成为纸币制度延续、改革和终止的根本动因，本节着重分析纸币滥发制度安排背后的策略互动实质。纸币自身没有价值，需要很高的监督成本。如果没有国家制度的力量，其他社会组织的内生监督费用大到几乎不可能凭借单个组织或个人完成监督，一旦政府出于财政的目的滥发纸币，纸币很容易就会贬值、交易成本也会大大增加。当政府扩大财政收入的利益诉求，和其他社会组织降低交易费用的根本利益存在着冲突时，政府面临的是其他社会组织在每个给定信息下、以某种概率随机地选择不同行动的情形，需要引入概率来反映这种博弈策略互动中复杂的不确定性，此时是一个混合策略的情形。

第一，模型概述。

对于率先行动者政府而言，他有两种行为可能：

X_1：采取纸币滥发的制度安排；

X_2：不采取纸币滥发的制度安排。

如果政府采取纸币滥发制度安排的概率是 θ，则不采取纸币滥发制度安排的概率是 $1-\theta$，此时不论对于政府还是其他社会组织而言，其收益仍然保持初始值，记为（U_g，U_S）。由于政府滥发纸币会有额外的实施成本 C，当经济运行状况良好且稳定的时候，政府一般不会采取纸币滥发的制度安排。当政府面临给定的外因冲击时（比如军费上涨），政府是否选择纸币滥发的制度安排，取决于政府采取纸币滥发制度安排的收益 $(1-\theta)U_g$ 与不采取纸币滥发制度安排的预期收益 $\theta E_g(X_1)$ 大小的比较。如果政府选择采取纸币滥发的制度安排，则其他社会组织面临两种策略选择：

Y_1：接受纸币滥发的制度安排；

Y_2：拒绝纸币滥发的制度安排。

构建纸币滥发的博弈树模型如下图（见图 4.4）：

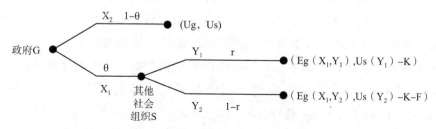

图 4.4　政府纸币滥发制度选择模型

对于政府来说，$\theta \in \{0, 1\}$，政府采取的是纯策略的行为，即 θ 不是 0 就是 1，$1 - \theta$ 也是在 0 或 1 中取值。在每个给定信息下，其他社会组织 S 以某种概率选择不同策略，此时是一个混合策略的情形。假设其他社会组织 S 选择接受纸币滥发的纸币制度（策略 Y_1）的概率是 r，获得的收益为 $U_s(Y_1) - K$，其中 K 表示政府采取纸币滥发制度安排时的社会成本。如果其他社会组织选择拒绝财政滥发（策略 Y_2），其概率是 $1 - r$。由于政府具有垄断地位，他可以对拒绝纸币滥发的其他社会组织实施惩罚，设罚金为 F，此时其他社会组织拒绝纸币滥发的纸币制度时，不仅要承担社会成本 K，还要承担政府的罚金 F，此时其他社会组织获得的收益为 $U_s(Y_2) - K - F$。

第二，逆向推导法第一步。

采用逆向推导法可知，政府是否采取纸币滥发的制度安排，取决于它对其他社会组织策略选择的预判。给定 θ，政府选择纸币滥发策略时，对于社会其他组织而言，因为不了解其他行为人的选择，社会其他组织的期望收益是 $[rU_s(Y_1) - K]$ 和 $[(1-r)U_s(Y_2) - K - F]$，$r \in [0, 1]$。两者相等时，解得：

$$r^* = \frac{U_s(Y_2) - K - F}{U_s(Y_1) + U_s(Y_2) - K} \tag{4.19}$$

当 $r > r^*$ 时，即 $r - r^* > 0$，$E_s(X_1, Y_1) > E_s(X_1, Y_2)$，其他社会组织以 r 的概率接受纸币滥发制度安排的预期收益，大于以 $1 - r$ 概率采取拒绝纸币滥发制度安排的预期收益；当 $r < r^*$ 时，$E_s(X_1, Y_1) < E_s(X_1, Y_2)$，此时其他社会组织以 r 的概率接受纸币滥发制度安排的预期收益，小于以 $1-r$ 概率采取拒绝纸币滥发制度安排的预期收益。r^* 越小，令 $r_1^* < r^*$，$r > r^* > r_1^*$，$r \in (0, 1)$，则 r 更有可能比均衡解 r^* 大，此时其他社会组织以 r 的概率接受纸币滥发制度安排的预期收益 $rE_s(X_1, Y_1)$，更有可能大于以 $1-r$ 概率采取拒绝纸币滥发制度安排的预期收益 $(1-r)$ $E_s(X_1, Y_2)$，其他社会组织更有可能接受纸币滥发，反之亦反。由于 $E_s(X_1, Y_1) = U_s(Y_1) - K$，$E_s(X_1, Y_2) = U_s(Y_2) - K - F$，其中 $U_s(Y_1) - K$ 和 $U_s(Y_2) - K - F$ 的大小即其他社会组织的支付，替换得到：

$$r^* = \frac{E_s(X_1, Y_2)}{E_s(X_1, Y_1) + E_s(Y_2) + F + K} \tag{4.20}$$

由公式（4.20）可知，r^* 与 $E_s(X_1, Y_1)$ 成反比，与 $E_s(X_1, Y_2)$ 成正比。如果政府认为纸币滥发的制度安排有利，希望这一策略被其他社会组织接受，政府会希望 r^* 较小，$E_s(X_1, Y_1)$ 较大，即 $U_s(Y_1) - K$ 较大；同时 $E_s(X_1, Y_2)$ 较小，即 $U_s(Y_2) - K - F$ 较小。其中，政府可以控制的是变量 F，因此政府通常会用法律的形式规定较高的惩罚成本，把 F 定的足够高，使得 $F > U_s(Y_2) - U_s(Y_1)$，以至于没有组织想要选择拒绝。当然，如果存在替代者、"搭便车"或是极端恶性纸币滥发的情形，有可能 $U_s(Y_2)$ 足够的大，使 $F < U_s(Y_2) - U_s(Y_1)$，进而使得 $U_s(Y_2) - K - F < U_s(Y_1) - K$，这时政府纸币滥发的制度安排会失效，纸币会变得一文不值。反之，如果政府并不是十分积极地滥发纸币，会希望 r^* 较大，$E_s(X_1, Y_1)$ 较小，即 $U_s(Y_1) - K$ 较小；$E_s(X_1, Y_2)$ 较大，即 $U_s(Y_2) - K - F$ 较大，此时政府通常不会征收惩罚成本。

第三，逆向推导法第二步。

政府在了解其他社会组织的策略选择之后，会比较采取纸币滥发策略（$\theta = 1$，$1 - \theta = 0$）后的预期总收益 $E_g(X_1)$，和保持现状、不采取纸币滥发（$\theta = 0$，$1 - \theta = 1$）的收益 U_g 的大小。虽然政府无法确定其他社会组织的选择，但在已知 $U_s(Y_1) - K$ 和 $U_s(Y_2) - K - F$ 的情形下，政府采取纸币滥发这一制度安排（$\theta = 1$）的预期总收益 $E_g(X_1)$ 可以表示为：

$$E_g(X_1) = \{\pi[(U_s(Y_1) - K]r - C\} - (A - F) \tag{4.21}$$

式（4.21）的前半部分 $\{\pi[(U_S(Y_1)-K]r-C\}$ 表示，当其他社会组织选择接受策略时，政府获得的收益。纸币滥发相当于一种隐形的税收，因此我们用 π 表示政府从其他社会组织的收益中攫取的收益比例，$\pi(U_S(Y_1)-K)r$ 就表示，当其他社会组织以 r 的概率选择接受 Y_1 策略的时候，政府从中得到的收益，政府为此付出的代价是实施成本 C。值得注意的是，不论其他社会组织的选择是什么，C 都是存在的，是一个固定成本。该式后半部分 A－F 表示当其他社会组织选择拒绝策略 Y_2 时，政府面临的损失。当政府面临拒绝策略的时候，政府会支付超过固定成本 C 的额外的游说成本 A，这个成本是政府采取纸币滥发制度安排的可变成本；F 是政府针对拒绝者征收的罚金收入。当其他社会组织选择拒绝，政府承担额外的损失为（A－F）。当 $E_g(X_1)=[\pi(U_S(Y_1)-K)r-C]-(A-F)=U_g$ 的时候，求得均衡解：

$$R^*=\frac{U_g+C+A-F}{\pi U_S(Y_1)-\pi K} \tag{4.22}$$

为了与式（4.20）的 r^* 区别，这一阶段政府选择的均衡解用 R^* 表示。当 $r>R^*$ 时，$E_g(X_1)>U_g$，政府会推行纸币滥发的制度安排策略；当 $r<R^*$，$E_g(X_1)<U_g$，政府不会推行纸币滥发的制度安排策略。R^* 越小，令 $R_1^*<R^*$，$r>R^*>R_1^*$，$r\in(0,1)$，则 r 更有可能比均衡解 R^* 大，政府推行纸币滥发策略的预期收益 $E_g(X_1)$，更有可能大于不采取纸币滥发策略的收益 U_g，政府选择纸币滥发策略（X_1）的可能性越大；反之，R^* 越大，令 $R_2^*>R^*$，$r<R^*<R_2^*$，$r\in(0,1)$，则 r 更有可能比均衡解 R^* 小，政府推行纸币滥发策略的预期收益 $E_g(X_1)$，更有可能小于不采取纸币滥发策略的收益 U_g，政府选择不采取纸币滥发策略（X_2）的可能性越大。

将 R^* 变形可以得到：

$$R^*=\frac{U_g+C-F+A}{\pi U_S(Y_1)-\pi K} \tag{4.23}$$

分析公式（4.23），可以得知，U_g+C 和 R^* 成正比，也就是实施纸币滥发制度安排策略的总成本（隐性的机会成本 U_g 和显性固定成本 C 的总和）与 R^* 成正比，其他社会组织承担的成本 K 也和 R^* 成正比。具体而言，纸币滥发的成本，包括减少纸币持有量带来的皮鞋成本、价格频繁变动带来的菜单成本、资源配置混乱带来的成本、价格变化带来的税收扭曲成本等，这些成本是由政府和其他社会组织分摊的。

当其他条件不变时，盲目的纸币滥发会给政府带来较高的总成本（$U_g + C$ 较大），导致均衡解 R^* 比较大，此时政府选择纸币滥发制度安排策略的可能性越小。反之，当政府信用自身受到威胁，政府实施纸币滥发所支付总成本小于其收益时，政府认为 $U_g + C$ 较小，均衡解 R^* 较小，此时政府选择纸币滥发制度安排策略的可能性较大。类似地，如果纸币滥发由社会其他组织承担的成本 K 越高，均衡解 R^* 越大，令 $R_2^* > R^*$，$r < R^* < R_2^*$，$r \in (0, 1)$，则此时 r 更有可能比均衡解 R^* 小，政府不大会采取纸币滥发的策略。反之，当纸币滥发的社会承担成本 K 与政府纸币滥发获得的收益相比较显得较低的时候，均衡解 R^* 越小，令 $R_1^* < R^*$，$r > R^* > R_1^*$，$r \in (0, 1)$，则 r 更有可能比均衡解 R^* 大，此时政府选择纸币滥发策略的可能性越大（见图4.5）。

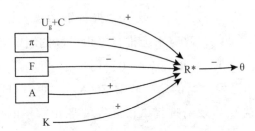

图4.5　主要影响因素及其相关关系模型

总之，在经济状况比较稳定，政府和其他社会组织承担的纸币滥发成本较高时，政府通常不愿意盲目采用纸币滥发的策略，反而会自觉地将币值稳定在一定的范围内，更不会实施惩罚；在经济局面较为混乱，政府和其他社会组织承担的纸币滥发成本较低时，会实施纸币滥发的策略。当然，政府和其他社会组织承担的纸币滥发的成本并不总是一致的，当政府面临特殊的情况，比如战争导致的军费增加的时候，政府会采取强制性的行政手段，规定较高的 π 和 F，使 $E_g(X_1) > U_g$，此时，即使其他社会组织分担的纸币滥发成本高，政府也会选择牺牲其他社会组织的利益，强行推行纸币滥发的策略。

综观中国纸币制度系统功能实现的过程，内忧外患时，政府往往采取强制的行政手段规定了极高的 π 和 F，使 $E_g(X_1) > U_g$，强行推行纸币滥发，增加纸钞的发行量和面额的制度安排以缓解燃眉之急，在准备金不变的前提下，发行大面额的纸币会引发货币数量的急剧增长，在物价对此反应之前，政府使用多印的纸币，攫取了本属于其他社会组织的资源和利益，这意味着 π 很高，政府采取纸币滥发制度安排的预期收益很大，在短时期内 $E_g(X_1) > U_g$。

虽然政府强制规定了纸币的价值，但是其他社会组织拒绝纸币滥发时的支付 $U_s(Y_2) - K$，要远远大于采取接受时的支付 $U_s(Y_1) - K$，此时，即使采取严厉的惩罚，F 仍然小于 $U_s(Y_2) - U_s(Y_1)$，$U_s(Y_2) - K - F > U_s(Y_1) - K$，所以其他社会组织只能采取沉默的反抗，实际上还是选择了策略 Y_2，最终导致物资紧张，市场交易无法进行。此外，政府虽然拥有一定的垄断地位，但是事实上却时刻面临其他邻国政府作为替代者的威胁。在存在替代者时，其他邻国政府经济相对的平稳，使得其他社会组织存在"搭便车"的可能，使得采取 Y_2 策略的机会成本降低，收益 $U_s(Y_2) - K$ 增大。当人民无法承受恶性纸币滥发时，会选择政府的竞争者和替代者，从而进入纸币制度新一轮的"确立——滥发——终止"的循环。

4.3

小结

本章通过构建委托代理模型和博弈树模型，从中国纸币制度系统的结构和功能两个角度，分析了纸币制度在不同历史阶段变迁过程中，政府和其他社会组织策略互动的实质，从定量的角度，揭示了中国纸币制度系统变迁的原因。

对于古代国家信用纸币制度而言，监督能力弱的其他社会组织扮演委托人的角色，政府扮演的是代理人的角色。结合系统功能的分析可知，在内外环境稳定的时候，维护纸币制度的稳定，是政府和其他社会组织"双赢"的选择；政府虽然具有一定的垄断地位，但其始终面临替代政府的威胁和竞争。在内忧外患时，为了强制推行纸币滥发的制度安排，政府可能会制定较高的惩罚；然而，其他社会组织可以选择使用替代的交易手段、变相销熔金属货币，以获取财产权的稳定。滥发的纸币制度安排是无法长久维持下去的，纸币的混乱会扰乱经济秩序，进而威胁政权的稳定。因此，反复的恶性通货膨胀是没有约束的简单委托代理结构功能的表现，滥发的纸币制度安排不论是对于政府还是对于其他社会组织，最终都不是一个理想的选择，最终会导致古代国家信用纸币制度的失败。

对于近代银行券制度而言，其制度系统结构符合双重委托代理模型。公众是初级委托人，政府既是初级代理人，又是二级委托人，而政治金融家扮演二级代理人的角色。结合博弈树的模型，分析近代银行券制度系统的功能，可以得知：近代银行券制度产生初期，政府借鉴民间银行券制度并确立了国家银行券制度，足值准备的约束使得商品性和信用性相互协调，使其能够在一定程度上遏制纸币发行混乱的局面、降低使用纸币的交易成本，受到其公众的欢迎。然而，主导近代银行券制度的政治金融家和政府有着根深蒂固、千丝万缕的联系，加之近代中国内忧外患、战乱频繁，弥补中央政府和地方政府财政赤字的财政发行并不少见，这只不过是以足值准备随时兑现的名、行财政发行或间接财政发行之实，将古代赤裸裸的财政滥发变得更为隐蔽。违背了货币本质发展规律的政府行为，最终还是遭到了民心的背离，公众选择了新中国政府这一民国政府的替代者，并选择了人民币制度取代近代银行券制度，以维护自身收益。

总之，我国纸币制度系统结构符合二重结构的划分，博弈论能够帮助我们更好地理解纸币制度变迁路径背后的原因，帮助我们从定量均衡的角度理解纸币制度变迁遵循的协调性机理，也为我们进一步探寻纸币制度产生、发展、动荡和变革的路径依赖机制，提供了新的思路。

第 5 章

中国纸币制度系统变迁的
路径依赖与目标模式

第 2 章分析了纸币制度系统由低级向高级、由简单到复杂进化的过程，总结得到我国纸币制度变迁的路径。第 3 章运用金融协调理论，对我国纸币制度变迁过程中的协调性机理进行了分析。第 4 章通过构建委托代理模型和博弈树模型，分析纸币制度系统的结构和功能，得出我国纸币制度路径形成过程中，其他社会组织和政府之间的博弈均衡机制。在前几章的基础上，本章首先，揭示了纸币制度系统变迁路径存在的路径依赖机制，并指出，尽管历史上进行过多次路径偏离和路径突破的尝试，最终都没有摆脱路径依赖的自增强机制；其次，本章运用历史周期率和计量经济学模型，分别证明古代国家信用纸币制度和近代银行券制度均符合这条路径依赖机制；再次，本章应用历史证实了路径依赖机制分析 1949 年以来人民币制度几次较大改革背后的成与败，明确指出，未来的人民币制度改革，仍然会是在政治金融家主导下进行的、渐进式的变革模式；最后，结合当前人民币制度的缺陷，提出人民币制度改革的目标模式。

5. 1

中国纸币制度变迁的路径依赖

路径依赖是指由于固定成本、学习效应、协同效应和适应性预期的存在，系统内部具有的报酬递增效应。某个制度一旦形成了一种路径，之后的制度变迁将沿着这条路径发展下去，还可能进入锁定的状态。如果这条路径是高效的，变迁会进入正锁定，为未来的变迁提供持续的动力，使制度系统运行的效率越来越高；如果这条路径是低效的，变迁会进入负锁定，制度系统好比"陷入泥沼越陷越深的大象"，运行的效率会越来越低。系统论认为，系统内部恒定的力可以保持系统的稳态，并且当同样的改变再次发生的时候，该系统能以更小的幅度偏离稳定状态。因此，制度变迁路径具有自我强化功能和锁定效应，路径一旦形成，就进入了路径依赖的阶段，人民币制度依赖于我国纸币制度变迁的路径。

路径依赖的根本原因在于纸币制度系统内部存在正反馈过程，研究路径依赖的形成机制，就是研究纸币系统变迁所遵循的多重因果正反馈环，以及这种正反馈环背后的自增强机制。由前面几章的分析可知，我国的纸币制度与政府信用息息相关，政府信用是决定纸币稳定性的关键因素，良好的财政状况能够强化纸币的信用，而良好信用的纸币又能够增加财政收入；反之，政府财政危机往往会削弱纸币的信用，而信用不良的纸币会加剧财政状况的恶化。这种内在的自增强机制可以用因果回路图表示，图（5.1）揭示了我国纸币制度变迁的路径依赖机制。

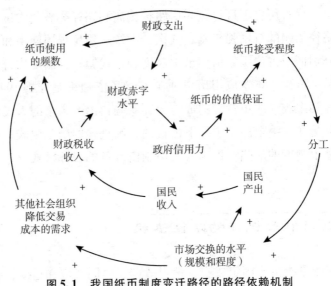

图 5.1　我国纸币制度变迁路径的路径依赖机制

图 5.1 表明，我国纸币制度变迁所遵循的路径存在着自增强机制，一

个微小的输入就会产生一系列的增强效应，从而得到一个较大的输出。一方面，纸币制度的起点是其他社会组织对于低交易成本的交易手段的需求，这种需求诱致了纸币的产生，纸币运行的效率会影响分工和交换，进而产生对新的纸币制度需求，推动纸币制度的变迁。另一方面，不论是古代国家信用纸币制度还是近代银行券制度，财政状况会直接或间接影响政府信用力的大小，通过影响纸币使用的频繁程度，进而影响纸币的运行效率。

具体而言，图 5.1 中存在三条正反馈回路：

纸币的发行有其自增强的机制（外圈）：纸币的接受程度→分工→市场交换的水平（规模和程度）→其他社会组织降低交易成本的需求→纸币使用的频数→纸币接受程度；

政府参与有其自增强的机制（中圈）：纸币的接受程度→分工→市场交换的水平（规模和程度）→国民产出→国民收入→财政税收收入→纸币使用的频数→纸币接受程度；

政府信用保证也有其自增强的机制（里圈）：纸币的接受程度→分工→市场交换的水平（规模和程度）→国民产出→国民收入→财政税收收入→财政赤字水平→政府信用力→纸币的价值保证→纸币接受程度。

5.1.1　制度变迁和经济发展的正锁定

在探讨我国纸币制度变迁的路径依赖机制时，需要注重纸币制度变迁过程中，供给推动的强制式制度变迁和需求尾随的诱致式制度变迁之间是怎么相互作用的，从而对我国纸币制度的路径依赖有更为深刻的认识。具体而言，金融制度的变化可以分为需求尾随型和供给引导型，需求尾随型的制度改革，主要来源于实体经济追求潜在收益的需要，而供给引导型的制度改革，则主要来自参与人降低现行交易成本的推动。在纸币制度变迁的过程当中，从初始阶段的需求尾随型制度到国家控制后的供给引导型制度，这种制度又带来新的需求，产生新的需求尾随型纸币制度，如此循环，共同决定了我国纸币制度变迁的路径。

纸币制度路径中包含的三个正反馈回路，解释了我国纸币制度的路径依赖。首先，伴随着实体经济交易的频繁，降低交易成本的供给型需求，引致了新纸币以及纸币制度的产生，纸币的发行又进一步刺激了分工，推动了市场交易规模的扩张，供给引导型的制度带来了新的需求，从而产生了新的需求尾随型的制度，在这两种类型的制度变化的相互作用中，体现出纸币发行的自增强机制。其次，中圈和内圈的正反馈回路，体现了我国纸币对政府信用的路径依赖，即纸币制度的实施与国家财政状况息息相关。一方面，纸币制度的运用，促进了分工、繁荣了市场、提高了交易的效率，从而带来更多的国民产出、增加了国民收入，为政府带来更多的税收，良好的政府财政状况是政府信用的重要指标，顺应市场需要的纸币制度，能够带来良好的政府信用；另一方面，财政对纸币和纸币制度的认可，扩大了纸币的使用频率和市场接受度，进一步活跃了市场。在政局稳定的情况下，纸币制度的发展能够强化国家的政权、树立其更高的权威，从而推动新一轮供给型纸币制度的改革。

纸币制度变迁路径内涵的自我增强机制，决定了我国纸币制度路径的不可逆性，其主要原因在于，一是历代货币制度的构建都是学习前代货币制度的结果。纸币的发行和流通机制，是历朝历代都面临的共同问题，解决的办法必然需要借鉴前朝的经验。二是纸币制度的内外协调有利于便利市场、节约交易成本，政府和其他社会组织都能够享受到纸币制度带来的收益和成本节约，这样的纸币制度会得到财政制度、税收制度等其他制度的支持，形成更为开放的复杂巨系统，使纸币制度具有持续性。三是文化的因素。作为制度系统中最为普遍恒定的力，文化是存在于特定群体头脑中的、共同的思维方式和行为习惯，不同于西方的"个人主义"思想，中国文化的基本特征是儒家思想里面的集体主义，优先考虑的是集体，最后考虑的是个人，政府扮演的是"一言堂"的家长角色；我国文化讲伦理、重"仁义""重义轻利"、忽视法制、崇尚权威，将个体融化于群体之中，使得其他社会组织对政府的角色和功能产生价值认同和预期。当特定的纸币制度成为交易习惯，符合其他社会组织普遍的心理预期，纸币制度会持续地发展下去，形成不可逆转的惯性。

5.1.2　制度变迁和经济发展的负锁定

事物都是两面的，这三条增强回路本身也蕴含着另一种可能，当自增强机制超过一个临界状态，制度变迁就会进入一个消极的负锁定状态。这种负锁定是正锁定的一面，是环境改变之后纸币制度系统自身运行的结果，是纸币制度路径依赖不可或缺的另一面。此时，制度的变迁仅仅服务于特权阶层，带来普通阶层的收入递减，这种制度变迁不但得不到任何支持，而且被大家深恶痛绝，更重要的是，它严重威胁公平竞争、扰乱市场秩序，经济的衰退严重阻碍制度进一步向好的方向变迁，这种局面一旦形成，往往很难再改变过来。市场秩序的混乱使制度实施的成本日益提高，而经济的衰退使得国家财力空虚，国家实力受到削弱；更重要的，随着特权势力的日益壮大，任何一种富有创意的制度变革，都会受到他们的强烈抵制。

具体而言，当国家受到财政支出这一偶发性因素的扰动，短期剧增的财政赤字会导致政府信用受损，进而威胁到纸币制度的稳定性，其他社会组织会收缩纸币的使用，市场凋敝、政府税收大幅度的减少，进一步打击了纸币制度赖以存在的基础，纸币制度就会失败。如果财政入不敷出成为一个经常性的因素，赤字连续保持，纸币制度的路径依赖就会持续表现为一种低效率的状态。例如明初时期，纸币完全抛弃了发行准备制度，导致政府滥发钞票却不被监督。从中圈和里圈的增强回路来看，一方面，纸币制度的运用，扰乱了市场的秩序、降低了交易的效率、国民收入缩减、使用纸币支付的税收缩水、财政赤字增加，违背市场需要的纸币制度损害了政府的信用；另一方面，国家借助于财政的途径加大对纸币的投放，造成了纸币流通的进一步泛滥，透支了政府的信用、威胁政府的权威，不仅得不到其他社会组织的支持，还会加剧市场秩序的混乱和不公，增加交易成本、进入恶性循环，使得纸币制度变迁沿着负锁定的方向发展。Vensim 软件能够对路径依赖的正反馈回路进行简单的模拟，通过对关键因素的仿真，帮助我们进一步理解复杂系统的结构、动态的行为特征和负锁定的作用机理。

存量流量图被用来定量地研究路径依赖关键变量之间的相互影响，图

（5.2）构建系统动力学模型，把财政状况和货币发行数量两个变量作为状态变量，其中，财政收入、财政支出是财政状况的两个速率变量，货币回笼量、货币投放量是货币发行数量的两个速率变量。对本模型进行仿真，结合宋朝纸币发行的情况，设置基本参数（见表5.1）。其中，利税收入取自贾大泉先生在《宋代赋税结构初探》一书中对冶平年间总收入折价的数据，军费是根据蔡襄先生在《论兵十事》中记载的军费数据和其他政府开支数据，货币回笼量是根据每界交子发行的最高限额除以发行界限得到的，即1256340/2＝628170，取60万贯，初始纸币发行数量约取125万贯。

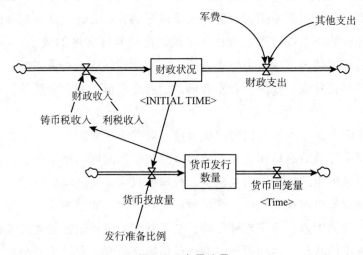

图 5.2　存量流量

表 5.1　　　　　　　　　　　　基本参数设置　　　　　　　　　　单位：万贯

变量参数	数值
利税收入	6000
货币回笼量	60
军费	994
其他财政支出	2306

资料来源：贾大泉. 宋代赋税结构初探 [J]. 社会科学研究，1981（3）：53-60，83.
　　蔡襄. 宋集珍本丛刊，第七册，蔡忠惠公文集，卷18，论兵十事 [M]. 成都：四川大学古籍研究所，2004.

图 5.2 中相关数学公式如下：

财政盈余 = INTEG（财政支出 – 财政收入，6000）　　　单位：万贯

纸币发行数量 = INTEG（纸币投放量 – 纸币回笼量，125）

　　　　　　　　　　　　　　　　　　　　　　　　单位：万贯

财政支出 = 军费 + 其他开支　　　　　　　　　单位：万贯/年

财政收入 = 铸币税收入 + 利税收入　　　　　　单位：万贯/年

纸币投放量 = 财政状况 × (1 – 发行准备比例)　　单位：万贯/年

铸币税收入 = 纸币发行数量　　　　　　　　　单位：万贯/年

将以上公式代入 Vensim 模型中，模型自动运行计算，得到仿真结果
（见图 5.3）。

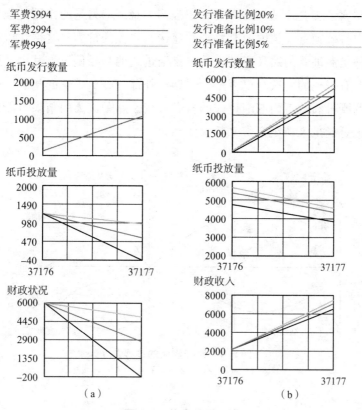

图 5.3　仿真结果示意

图 5.3 显示，当军费开支增加（由 994 万贯增加到 5994 万贯）时，国家财政状况会恶化，纸币发行准备的绝对额会相应地减少，军费开支增加，财政状况会持续恶化（斜率为负），如果发行准备的比例不变，纸币的投放也会呈现负增长的态势（图 5.3a）。只有降低发行准备比例（由 20% 降低到 5%），才能够保证原先的发行水平（图 5.3b）。当军费开支极大，政府只好完全取消发行准备，进一步就是滥发纸钞。如果纸币滥发的制度安排成为常态，纸币制度变迁就进入了负锁定的状态，这时行为主体会发挥主观能动的作用，推动创造新的路径。

在制度系统与外部环境交互作用下，通过自组织涌现，系统从无序变为有序所遵循变迁路径的建构过程就是制度系统的路径演化（见图 5.4）。和路径依赖一样，路径创造的结果也是路径演化。路径创造不仅强调客观路径对制度系统变迁结果的影响，还强调主观能动力量的作用，强调行动者有意识打破锁定、消解旧有路径并建构新路径的行为，这种建构分为两种：一种是激进式的路径突破，一种是渐进式的路径偏离。其中，路径突破是对旧有路径的一次全盘否定，强调从外部打破负锁定的状态。路径偏离则强调既得利益者内部渐进式的自我转变，路劲偏离的结果可能是打破锁定，也可能是维持锁定带来的次优结果。

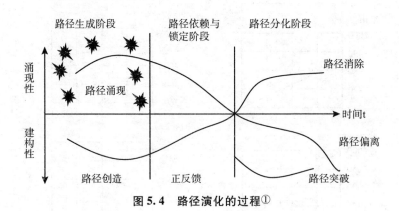

图 5.4　路径演化的过程①

---

① 李宏伟，屈锡华. 路径演化：超越路径依赖与路径创造［J］. 四川大学学报（哲学社会科学版），2012，179（2）：108 - 114.

　　突破负锁定的尝试包括路径偏离和路径突破，明初国家法定的纸币制度终止之后，纸币的发行暂时转到了民间，为了打破负锁定，表面上似乎创造了新的路径、实现了路径突破，然而，民间商业信用妥协并依赖于政府信用，路径依赖的机制没有打破。与此同时，政府也进行了一系列路径偏离的尝试。明代政府的做法是建立银本位制度，用新的贵金属制度替代纸币制度，以求稳定市场、便利交易、促进分工、恢复经济秩序，但是，明政府仍然保留俸禄、军用和赏赐的纸币形式，妄图继续享受纸币制度给政府财政带来的铸币税收益。之后，清朝政府和民国政府将纸币的发行委托给商业银行、地方银行和中央银行，成立监督委员会监督纸币的法定准备、发行回笼的情况。然而事实证明，不论是民间商业银行、地方银行还是国家银行，实际上仍然是为政府或政治金融家主导和控制的，为政府的政治意图所服务的。以上的尝试是政府面临"负锁定"的压力不得不进行的改革，都是既得利益者主动引导的、希望纸币制度变迁的旧有路径转变为更稳定、更灵活、更高效率的新路径，但这种由内部既得利益者主导的变革是渐进的、不彻底的，这种变革只是对原有路径暂时性的偏离，并没有改变既有的负锁定状态，纸币制度仍然是依赖原有的路径依赖机制。新中国成立之后建立的、与我国计划经济体制相适应、与国家的经济计划高度匹配的纸币制度，是对纸币制度变迁进行路径突破的又一次大胆尝试。遗憾的是，这种僵化的纸币制度，虽然能够将纸币带来的金融风险降低到最低，但这样的纸币制度根本没有办法发挥其在经济中调剂余缺、便利交易的作用，最终彻底沦为了简单的数字和符号。1978 年之后，伴随着我国社会主义市场经济的改革，这种高度集中的纸币制度被废止，路径突破的尝试也宣告失败。历史上数次路径偏离和路径创造的失败，是对我国纸币制度变迁方向的修正，也是对我国纸币制度系统变迁路径的路径依赖机制的强化。

5.2

路径依赖机制的证明

　　理论推导得到的路径依赖机制，还需要历史实际的验证。证明路径依赖机制的存在，核心在于证明我国政府信用和纸币价值之间的关系，换言之，证明路径依赖机制是否存在，要牢牢把握政府信用和纸币价值之间是否存在正相关关系。对于古代国家信用纸币制度而言，尽管缺乏充足的数据，但其遵循的历史周期率，表现出正负回路交替作用的情形，可以验证政府信用和纸币价值稳定性之间的正向关系；对于近代银行券制度而言，数据较为充分，利用计量经济学的实证模型，同样能够证明政府信用和纸币价值稳定性的关系，进而证明图5.1得到的路径依赖机制。

5.2.1 古代国家信用纸币制度的历史周期率

我国古代纸币存量和粮食价格之间的关系，能够反映出政府信用和纸币价值稳定性之间的关系，证明路径依赖机制正负反馈交替的作用，得出纸币制度对经济发展水平周期性的影响规律。尽管古代的纸币具有和金属货币完全不同的价值内涵，但纸币是以金属货币为单位充当计价标准的，和粮食价格具有共同的单位。纸币的存量数据同时受到纸币发行制度和流通制度的影响，且相对容易得到，因此我们运用纸币的存量数据的变化，代表纸币制度的变化。封建社会最主要的生产形式是小农经济，粮食价格是衡量物价水平的关键指标，因此我们使用粮食价格代表纸币价值的稳定程度。北宋和南宋的数据来源于《宋金元纸币的发展演变及影响》，元代的粮食数据来源于黄冕堂的《中国历代价格问题考述》第47~49页，纸币存量的数据来源于《中国货币史》，元代的数据较少且比较分散，但也能大概看出粮食价格数据和纸币存量数据的变化趋势和相互关系。

通过梳理历代米价和纸币存量的数据（见表5.2，表5.3，表5.4），可以发现以下几个规律，第一，纸币存量的变化遵循周期性。历代初期，纸币存量稳定，历代中期，纸币存量稳中有升，历代末期，纸币存量增速明显；第二，米价的变动也遵循周期性，历代前期，米价的变化比较平稳，历代中期，米价开始上扬，历代后期，米价出现飞速上涨；第三，米价的变动和纸币存量的变动呈现正向相关关系，说明我国纸币存量数据的变化和粮食价格的变化具有相似的周期性，进而证明政府信用和纸币价值稳定性之间正负反馈交替作用的关系。结合之前的分析，历代初期，纸币制度能够适应市场规律，这一阶段纸币存量往往比较稳定，纸币表示的粮食价格也比较稳定；历代晚期，纸币制度不能适应市场规律，纸币存量波动频繁，战争时期米价上涨的频率和程度，要大大强于货币存量上涨的程度，物价总体上扬，反映出中国古代纸币制度同样遵循历史周期率。值得注意的是，物价是价值的货币形态，主要取决于商品的价值和古代中国货币的价值，商品的价值越大，价格越高；货币的价值越大，价格越低。当然，粮食还要受到商品自身价值的影响，剔除粮食供求带来的自身价值的影响，粮食价格的波动才能够反映纸币内在价值的变化，因此米价变动方向并不总与货币存量变动方向一致。

表 5.2　北宋四川米价和纸币存量对照

年份	四川米价（铁钱/斗）	四川纸币存量指数
1023	40	10
1054	165	10
1068	120	10
1076	125	40
1082	300	40
1086	65	30
1136	1000	80
1157	545	15
1165	500	350
1169	350	300
1171	600	300
1173	500	300
1181	550	360
1184	700	180
1199	340	375
1206	500	600
1208	1000	800
1223	2500	400
1226	500	200
1231	1300	200
1241	5000	400
1256	8000	600

资料来源：张步海. 宋金元纸币的发展演变及其影响［D］. 山东大学，2013：40 - 41.

表 5.3 南宋东南米价和纸币存量对照

年份	东南米价（铜钱/斗）	会子存量指数
1160	200	10
1171	290	10
1177	250	36
1180	290	18
1182	400	18
1186	230	43
1192	255	40
1195	400	40
1206	405	140
1208	216	140
1227	400	230
1235	330	133
1238	2000	553
1240	4000	783

资料来源：张步海. 宋金元纸币的发展演变及其影响 [D]. 山东大学，2013：40 – 41.

表 5.4 元代米价和纸币存量对照

年份	米价（文/石）	纸币发行累积量（万锭）
1278	10000	442.8
1284	10000	741.5
1303	23000	4835.9
1306	20000	5110.2
1311	35000	8050.7
1329	67000	6331.4

资料来源：黄冕堂. 中国历代价格问题考述 [M]. 济南：齐鲁书社，1999：47 – 49.
彭信威. 中国货币史 [M]. 上海：上海人民出版社，2007：439 – 440.

中国古代国家信用纸币制度在某一朝代的扬弃，也大致遵循中国历史周期率，这里主要指的是宋金元三个朝代的纸币制度（见图5.5，图5.6，图5.7）。历代初期（纸币制度的初创期），纸币制度往往具有比较严格的存款准备制度和比较稳定的价值，与之相协调的是政治上的吏治清明、财政上的轻徭薄赋、经济上的休养生息，纸币制度的实施效果也比较好，能够起到刺激恢复生产的作用，往往出现国库充盈、经济繁荣和国力强盛的局面；历代中期（纸币制度的调整改革期），由于纸币制度的不健全和不完善，可能会出现轻微的通货膨胀，此时伴随的是政治上的腐败怠政、经济上民生开始恶化、财政上的监管混乱，纸币制度需要调整，政府可能会采用限制金属货币流通、加大财政收支中使用纸币的比例、发行新纸币、严格收兑制度等办法，稳定纸币的价值；历代晚期（纸币制度的衰败期），往往会出现恶性的通货膨胀，此时伴随的是统治政权的岌岌可危、经济上的民不聊生、财政上的入不敷出，纸币制度最终会伴随着国家信用力的衰败而崩溃。本书借助 AD – AS 模型，进一步说明我国古代纸币制度符合"历史周期率"效应背后的原因，证明古代国家信用纸币制度符合我国纸币制度变迁的路径依赖机制。

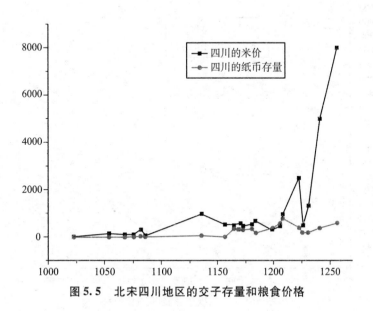

图 5.5　北宋四川地区的交子存量和粮食价格

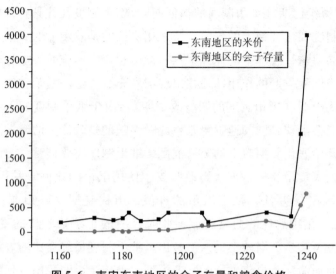

图 5.6 南宋东南地区的会子存量和粮食价格

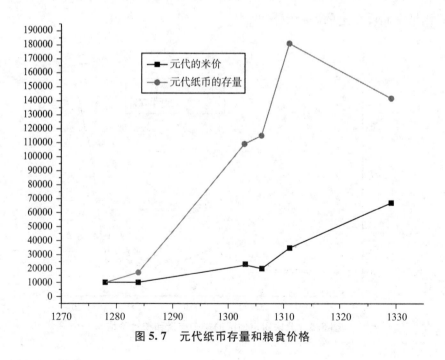

图 5.7 元代纸币存量和粮食价格

（1）纸币制度实施初期

历代政府会积极解决上一个朝代遗留的恶性通货膨胀问题，纸币制度会特别注重准备制度安排和兑现制度安排的设计，以求稳定币值，为纸币的流通提供信用支持，对纸币制度进行严格的监督管理。另外，政府还会着手恢复社会生产能力，清明吏治、轻徭薄赋，刺激生产以增加社会生产能力，商品经济的恢复和生产的发展，能够增强政府的信用，稳定纸币的价值，从源头上解决纸币发行、兑换和周转问题（见图 5.8）。这样的纸币制度，一是为生产恢复发展建立良好稳定的金融环境和充分的资金支持（AS 向右移动到 AS'）。二能稳定市场秩序，增加社会总需求，使社会总产品与纸币的数量相匹配，带动多余的货币转化为社会实际的有效需求（AD 向右移动至 AD'），达到平抑物价、活跃市场、经济增长的效果，最大限度地消除前朝恶性通货膨胀对人民的影响，恢复市场秩序，有利于社会总供给和社会总需求的同时增加。

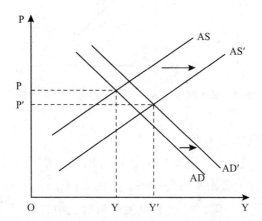

图 5.8　纸币制度实施初期的"历史周期率"效应

（2）纸币制度实施中期

在纸币制度实施中期，往往会出现轻微的通货膨胀现象，表现为价格轻微的上扬和纸币的贬值。为了满足不断膨胀的欲望，统治阶级会增加赋税、增发纸币，由于吏治腐败、统治者消极怠政、财政危机，政府信用滑坡，纸币价值波动，最初的纸币制度遭到破坏。物价变化具有滞后效应

（见图5.9），超发的钞票在短期中构成了额外的总需求（AD_0 向右移动至 AD_1）。同时，税负的增加客观上加重了小生产者的负担，政治的腐败会扰乱市场秩序、使民生失去保障，导致生产规模停滞不前甚至下降（AS_0 不变）。在纸币制度实施的中期，过多的纸币追逐社会上有限地产品，自然会导致价格上扬，价格的上扬在一定程度上能够刺激生产，但是由于社会支持的力度有限，产量只能在原有生产规模上有限地增长甚至是维持不变。总之，在纸币制度的调整改革时期，社会往往呈现有序无序的交替，在这个过程中，民生也会逐渐的恶化。

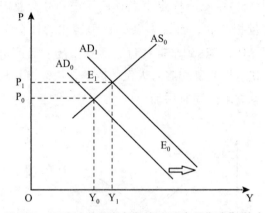

图 5.9　纸币制度实施中期的"历史周期率"效应

（3）纸币制度实施末期

图5.10的模型显示，连年征战，经济困顿，政府滥发的纸币扰乱了市场的秩序，一方面带来了市场萧条，人民贫困，经济的总需求下降，总需求曲线 AD 左移至 AD′，另一方面生产凋敝、小农破产、手工业和商业经营困难，总供给曲线 AS 向左移动至 AS′。连年的混战使市场极度萎缩，在总需求 AD 中刚性需求占的比例较大（刚性需求意味着需求弹性较小[①]），当受到外部因素的冲击时，AD 下降的幅度要小于 AS 下降的幅度，均衡点从 E 向左上方移动至了 E′点，此时会出现物价飞涨、产量下降的情况（见图5.10），货币供给的增长率大大超过了社会总供给的增长率。

---

① 盛松宁. 刚性需求如何转为有效需求［J］. 城市开发，2009（22）：76 – 77.

结合公式 MV = PY 分析可知，在经济未实现充分就业时，短期内 Y 是一定的，长期内，货币供应量 M 的增长，要和货币流通速度 V 共同起作用，才能影响国民生产总值 Y；战争时期，物资匮乏，增发的货币不具备充分流通的条件，流通速度缓慢停滞（V 极小，MV 极小），此时货币发行量远远大于流通中所需要的实际的货币数量，尽管增加了货币的数量，但是新增货币并未有效地流通，实际的社会总需求 AD 仍然是下降的，因此不会带来社会总产品 Y 的增加，只会带来 P 的增加。历代末期，政府信用崩坏，纸币一文不值，恶性通货膨胀的局面，与崩溃混乱的纸币制度安排是分不开的，这印证了路径依赖机制中负锁定的作用。

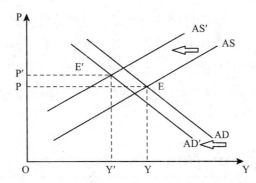

图 5.10　纸币制度实施末期的"历史周期率"效应

　　总之，历代初期，政府信用保证纸币价值的稳定，纸币广泛地流通能够强化政府的信用，此时，纸币制度进入正锁定，能够促进经济的增长；中期，政府信用时强时弱，此时纸币的商品性就可以逐渐地降低，纸币可以发挥信用创造功能，能够在一定程度上促进经济的增长。当政府失信于民的时候，政府信用严重透支，纸币制度衰败，此时其他社会组织会选择商品性的货币。我国古代纸币制度的历史周期率很好地证明，古代国家信用纸币制度变迁符合图 5.1 反映的路径依赖机制。

5.2.2　近代银行券制度的实证分析

　　要证明近代银行券制度变迁路径依赖机制的存在，关键仍然在于证明政府信用和纸币价值稳定性之间的正相关关系。由于近代的财政赤字数据和物价指数数据较为充分，本书拟运用计量经济学的研究方法，对近代银行券制度是否符合路径依赖机制进行实证检验。其中，政府信用可以用财政赤字数据来代表，纸币价值的稳定性可以用物价来代表。1927 年之前的财政赤字的数据散见于 1913 年、1914 年、1916 年、1919 年和 1925 年且并不连续，而 1941 年以后实行了战时的管制，因此，我们选取的是 1927～1941 年（民国 16 年到民国 30 年间）这一时间段，通过回归，定量证明财政赤字数据和物价指数之间的相关关系。

（1）数据来源

表 5.5 中的财政赤字数据，直接采用杨荫溥的研究成果，杨荫溥在《民国财政史》一书中，分阶段研究了民国时期的财政赤字情况，本书选择了 1927～1941 年的数据；物价指数则来自王玉茹主编的《近代中国物价、工资和生活水平研究》，书中有从 1913～1941 年的中国近代城市批发物价指数中的消费指数的数据，本书建模主要使用的是 1927～1941 年这15 年的消费品物价指数数据。

表 5.5　　　　　　　　1927～1941 年财政赤字和物价水平数据

年份	财政赤字	消费品物价指数	财政赤字变动额	财政赤字变化比例
1927	73.5	88.05		
1928	80.1	94.38	6.6	8%
1929	100.9	94.45	20.8	25%
1930	216.6	100.00	115.7	114%
1931	130.0	104.77	-86.6	-40%
1932	85.5	100.68	-44.5	-34%
1933	147.4	94.80	61.9	72%
1934	565.4	83.99	418.0	283%
1935	823.7	87.33	258.3	46%
1936	600.7	94.78	-223.0	-27%
1937	1532.0	95.45	931.3	155%

续表

年份	财政赤字	消费品物价指数	财政赤字变动额	财政赤字变化比例
1938	872	112. 71	– 660	– 43%
1939	2082	138. 72	1210	139%
1940	3971	179. 82	1889	91%
1941	8819	191. 10	4848	122%

资料来源：杨荫溥. 民国财政史 [M]. 北京：中国财政经济出版社，1985（43）：102.
王玉茹. 近代中国物价、工资和生活水平研究 [M]. 上海：上海财经大学出版社，2007：18.

（2）实证分析

第一，统计性描述。

统计性描述可以帮助我们直观地了解变量之间的关系，借助 Eviews 7.2 软件，得到的图 5.11 是财政赤字 FD 与物价指数 PI 的相关关系，线性趋势显示两者存在较为明显的正相关的关系。

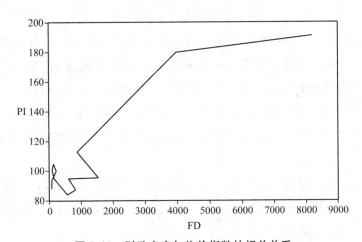

图 5.11　财政赤字与物价指数的相关关系

财政赤字 FD 与物价指数 PI 的相关系数是 0. 905733（见表 5. 6），也说明两者之间可能存在着某种正向的联系。通过构建计量经济学模型，可以进一步明确财政赤字 FD 与物价指数 PI 的相关关系，建立一个简单的一元回归方程：

$$PI = \alpha + \beta FD \tag{5.1}$$

表5.6   财政赤字与物价指数的相关系数

项目	FD	PI
FD	1.000000	0.905733
PI	0.905733	1.000000

第二，OLS 估计。

普通最小二乘法估计的结果如下：

$$PI = 92.886 + 0.01375FD \tag{5.2}$$

$$(21.04) \quad (7.704)$$

$R^2 = 0.82 \quad D.W. = 1.4 \quad S.E. = 14.55 \quad F = 59.36 \quad T = 15$

第三，结果讨论。

由实证模型回归的结果可知，FD 与 PI 确实存在着正向相关的关系，财政赤字的规模越大，政府信用越薄弱、物价指数越高。回归结果提示

$$dPI/dFD = 0.013 \tag{5.3}$$

意味着在 1927 ~ 1941 年间，财政赤字每增加 100%，物价指数 CPI 会增加 1.3%，财政赤字翻倍对物价指数的消极影响较大。从表（5.5）第五列反映出的财政赤字的翻倍情况，可以推断出如果出现巨额财政赤字，物价就会猛涨。从而证明政府信用和纸币价值稳定性的正向关系，进一步证明了我国近代银行券制度符合图 5.1 揭示的路径依赖机制。

总之，通过对古代国家信用纸币制度历史周期率的揭示，对近代纸币制度的实证分析，可以证实中国纸币制度变迁路径的路径依赖机制是客观存在的，也是正确的。

5.3

中国纸币制度变迁的目标模式

一个更有效率的纸币制度系统，能够帮助我们实现资源的更优配置。按照西方货币制度演变的轨迹，在金属货币时代，货币供给是由金属的产

量决定的，是外生的；到了银行券时代，货币供给受制于外生货币供给，具有了一定程度的内生性，银行券之间的竞争，导致了货币供给方之间存在市场竞争，这种竞争督促了货币制度的成熟和改进，包括货币的券别结构、设计、发行、流通、兑换和回笼，这样的货币制度更能够反映市场交易的需要；到了中央银行时代，中央银行被政府垄断，一方面，货币的供给能够依据货币的需求，更为灵活地进行调整，在恰当的时机能扩张高能货币存量；另一方面，普通的银行将央行发行的货币作为储备，通过这样的方式，政府可以获得可观的收入。按照门格尔的设想，货币具有供给上的排他性和消费上的竞争性，市场能够促进关于特定货币的共识，在商品货币的前提下汇总，市场能够决定货币单位的购买力。在市场的作用下，卖者通过提供较优的价格，吸引买者使用卖者所偏好的货币，从而实现成本的分摊。

　　相比而言，我国的纸币制度从产生之初就控制在政府的手中，以满足政府的需要为主，决定了货币供给的无限膨胀性；加之缺乏独立的金融中介机构，充当国家和其他社会组织之间、调剂余缺的中间人角色，由国家控制的纸币制度安排和规则设计，更多反映的是财政偏好，而不是市场的需要。居于垄断地位的政府，强制规定货币使用收敛于纸币，且不同货币之间不能够以平价兑换，剥夺了消费者的选择权，这种家长式的作风，损害了消费者通过竞争获得的那部分利益。由于没有经过成熟的市场竞争机制的筛选，纸币的制度安排是建立在国家对市场的假设上的，缺乏对均衡点位置的估计，是整体福利受损的政府垄断行为。以铸币税为例，根据贝利曲线（见图 5.12），稳态的实际铸币税（SRS）随着货币扩张率 E 的增加而上升，达到峰值之后下降。如果政府制定的铸币税目标太高，与通货膨胀预期不相一致，基础货币无限扩张，结果导致失控的货币增长，这也很好地解释了每个朝代末期实施的纸币制度低效率的原因。

　　因此，纸币本位制下的人民币制度的改革的目标是：在政治金融家主导下，以稳定政府信用为前提，使人民币的设计、发行、流通、兑换和回笼的制度安排能够更好地服务市场交易的需要，增强央行的独立性，逐渐用央行信用取代政府信用，最终实现金融资源的高效配置，促进实体经济平稳快速的发展。人民币制度的改革，尊重并依赖于我国纸币制度变迁的路径依赖机制，图5.13是在图5.1基础上得到的人民币制度改革的路径依赖机制。1949年以来每一次人民币制度的改革，都是为了推动正反馈回路的实现，每一次改革都蕴含着负反馈回路的风险，而人民币制度的内外部金融协调，是引导人民币制度报酬递增的新途径。因此，在现有路径的基础上，如何利用路径依赖原理对人民币制度进行改革，如何运用金融协调理论，确定我国纸币制度变迁的方向，扭转负反馈回路的态势、降低负反馈回路形成的风险，促进正反馈回路的持续实现，是我们需要探讨的重点。

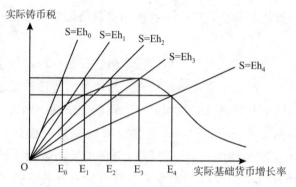

图 5.12　贝利曲线

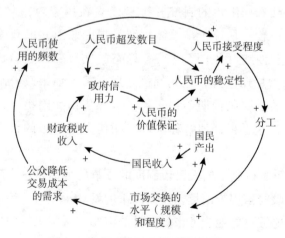

图 5.13　人民币制度改革的路径依赖

5.3.1　人民币制度改革的外部环境

世界经济一体化和经济全球化是不可逆转的趋势，在金融领域主要表现为金融国际化和金融自由化，实现人民币制度与国际接轨，进行人民币制度的渐进式改革，成为不可逆转的趋势。

第一，国内经济稳中有升（见图 5.14），由重视经济增长的数量逐步转变为重视经济增长的质量，强调供给侧结构改革，将制度创新作为改革重点。在这种背景下，人民币制度改革更加强调对货币自身发展规律的符合，只有逐步减少政府偏好对纸币制度运行机制的干预和约束，才能为经济的增长提供持续的动力，给市场发挥作用的空间和时间，才能更好地避免我国经济陷入停滞的局面。

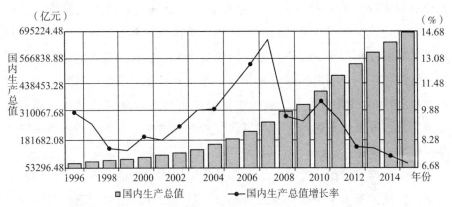

图 5.14　1996～2015 年国内生产总值和国内生产总值增长率

资料来源：中华人民共和国国家统计局 http：//data. stats. gov. cn/ks. htm？cn = C01.

第二，对外贸易持续发展（见图 5.15），外商直接投资和中国资本流出持续增加。当前，人民币已经加入 SDR 一篮子货币，资本项目管制更加开放，人民币参与金融全球化的程度越来越高，国际化程度进一步加深，客观上要求建立与世界各国的纸币制度接轨的新型人民币制度。

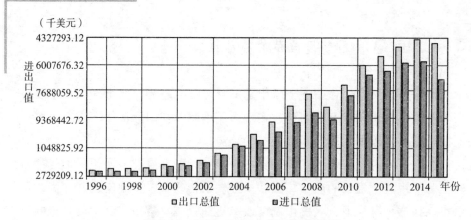

图 5.15　1996～2015 年进出口总值图

资料来源：中华人民共和国国家统计局 http：//data. stats. gov. cn/ks. htm？cn = C01.

第三，国际货币体系持续改革。当前，国际货币体系改革主要包括多元化和超主权货币两种方案。一种方案以"美联储货币互换网络"为代表的多元化改革，强调包括英国、法国、美国、加拿大、日本、瑞士六国货币之间的互相担保，美央行通过以固定汇率、一定的利率向该网络成员国无限提供美元，缓解国际流动性的不足，并且垄断全球流动性。另一种方案以 IMF 的 SDR 为重点，强调建立超越主权的国际储备货币，而减少货币霸权，降低由发达国家道德风险带来的波动性，现实中两种方案共同存在，同时推进。

这两种模式看似矛盾，实际上都是牙买加体系危机下不同主体的积极尝试，发达国家为了平衡自身既得利益、最大限度地削减金融危机带来的风险，在美国主导下的抱团，实际上企图把新兴市场国家和发展中国家屏蔽在全球流动性带来的铸币税收益之外。以国际货币基金组织为代表的国际金融组织，则希望建立包含新兴市场国家货币在内的超主权国际货币，更好地建立国际金融秩序、服务全球化的经济。这两种模式的出发点有相同的地方，但是解决问题的途径和方法有所不同，对人民币制度的改革自然会产生不同的影响。第一种方案无疑会削弱中国巨额外汇储备的"防护墙"作用，倒逼人民币制度改革。第二种方案表面上有利于促进人民币国际化的进程，但是同第一种方案一样，都会对人民币制度的市场化、国际化的改革提出更高的要求，从而要求人民币积极主动地改革。

总之，在货币自身演变规律的支配下，世界各地纸币制度的演变有着趋同性。纸币制度的产生与发展，是内生交易费用试图不断减小、共同知识替代私人信息，成为决策依据、社会整体共同分摊外生费用、内生交易费用与外生交易费用逐渐达到均衡的过程。鉴于此，人民币制度变迁的方向应该是：在弥补人民币制度内在设计缺陷的基础上，用市场需求取代政府需求，强化共同知识的作用，内生交易费用外部分摊，使人民币制度更加适应国际化的需要。

5.3.2　当前人民币制度的内在缺陷

当前，人民币制度存在许多不完善的地方，主要表现在结构性制度安排和总量性制度安排两个方面。

（1）人民币结构性制度安排的缺陷

人民币结构性制度安排的缺陷，主要表现为人民币券别结构的不合理。1949 年以来，人民币经过四次调整，逐步过渡到现在的券别结构，第五套人民币于 1999 年 10 月 1 日开始陆续发行，首发券种为 100 元券，还发行了 50 元、20 元、10 元、5 元、1 元、5 角、1 角七种面额，是一种"1－5制"为主的混合制券别。当前，人民币券别结构的设计存在不合理性，主要表现为大额纸币和小额纸币之间存在的功能错配问题。根据之前的分析，大额纸币应与大额交易和贮藏手段相耦合，小额纸币应与日常支付和找零功能相耦合。然而目前，我国的大额人民币（主要是指 100 元人民币）不仅承担了大额交易和贮藏手段的功能，还是日常交易的主要手段。而主币中 1 元、5 元、10 元这些中档面额的纸币，执行日常交易的角色较少、承担找零的功能较多，本应作为找零功能的小额纸币使用率很低。纸币券别结构出现功能错配，不仅会带来不同面额纸币发行数量比例的失调，还会使纸币的单位价值发生波动。由于最大面额的 100 元纸钞代替中档面额的纸钞，成为主要的支付手段，从而加速了主币单位"元"价值含量的下降；交易数额的上升，不仅增加了计算清点的工作量，客观上也加速了大额纸币购买力的缩水，形成一种膨胀型的券别结构。由图

5.13 可知，券别结构的缺陷，会降低人民币的接纳程度，进而影响到市场交换的规模和程度，影响到国民产出，出现负反馈的风险。增强人民币制度设计的科学性，就要按照市场的需要，改进人民币的券别结构，进一步降低交易成本、提高交易效率，提高人民币券别结构的内部协调性。

（2）人民币总量性制度安排的缺陷

人民币总量性制度安排的缺陷主要表现在人民币的发行制度安排和流通制度安排的设计上。

第一，人民币的发行机制不能适应市场化的需求。

机制是动态的制度，发行机制是发行制度实施的过程。人民币的发行制度是政府对人民币的发行权限、发行额度、保证制度以及批准程序等发行条件用法律形式加以限制的一系列规定。在人民币发行机制改革的过程当中，从初始阶段的需求尾随型制度到之后的供给引导型制度，这种制度的变迁又带来新的需求，从而产生新的需求尾随型的纸币发行制度，如此反复，共同决定了人民币发行机制改革的方向。根据图（5.13），人为创造的外汇需求，能够保持人民币汇率的稳定和国际收支顺差。外汇占款的方式，提高了人民币运行的效率、促进了外向型经济的发展、促进了分工、繁荣了市场、提高了交易的效率；买外汇发行人民币的办法，使本币随着外币数量的增加而增加，国际收支顺差的持续保持，能够带动出口，实现国民产出的增长和国民收入的增加，为我国政府带来更多的税收。外汇作为央行政府资产负债表上的资产，能够增加国家财富和发行准备，这次的人民币发行机制改革，在一定程度上具有自增强机制，良好的政府财政状况，是政府信用的重要指标，良好的国家信用，又能促进人民币价值的稳定，通过促进国际分工、刺激出口，国民产出的进一步增加，促进人民币发行制度改革进入良性循环。而这恰恰是"中国之谜"制度层面的解释，也就是说，虽然我国货币存在超发的局面，但货币超发恰恰能够体现作为政府组成部分的、中国人民银行的资产的增加，政府信用力的增强，又在一定程度上增加了超发货币的稳定性，有利于经济增长和物价稳定这两大宏观经济目标的同时实现。

然而，伴随着我国经济实力的增强，传统的外汇占款投放人民币的方式已经不再适合。首先，买外汇发人民币的方式使得人民币国际化进程受阻，人民币在国际市场上接纳程度较低，不利于我国参与国际分工的程度加深和效率提高（胡海鸥和王润华，2013），持续的国际收支顺差，必然伴随着金融抑制，以资本管制为代价的方式，导致资本无法高效自由地流动，使国民产出增长的潜力十分有限，出现了以产能严重过剩、自主创新能力薄弱为特征的低水平生产"瓶颈"。其次，这种发行方式导致人民币缺乏稳定性。根据陈光磊（2012）的研究，外汇占款的方式，带来人民币对外升值和对内贬值的双重压力，而美联储货币政策的调整，直接威胁我国外汇储备的安全，给我国带来了信贷泡沫和资产泡沫。胡海鸥和吴继平（2015）也认为，买外汇发人民币，是用公众的资产而非政府的负债作为担保，发行的人民币不需要央行偿还，使人民币发行缺乏约束机制，更容易带来通货膨胀。事实上，买外汇发人民币的货币发行机制往往是被动的，货币时刻承受着超发的风险，更容易影响政府的信用、削弱人民币的价值保证，进而影响到人民币的稳定性。此外，从发行的角度而言，电子货币对人民币发行的规模和时机提出了新的考验。电子货币的出现，减少了对有形人民币的需要，电子货币的使用，具有和存款货币一样的货币乘数创造的作用，从而增加了人民币超发的风险。总之，传统外汇占款的发行方式，存在的被动性和无限膨胀性的弱点，与当前的内外环境格格不入，人民币制度进入了负锁定的状态，遏制了我国经济的转型升级，亟待进一步的改革。

第二，人民币的流通机制运行效率不高。

人民币的高效流动，离不开健全的金融市场和金融机构系统的支持。互联网金融改变了人们的支付方式和支付习惯，形成了对传统金融体系的持续冲击，集中表现为网络银行和电子货币的出现。在信息社会的大环境下，不同于传统金融组织，互联网企业通过构建功能强大的金融平台，成为细小金融市场的组织者和建设者。这种新的金融中介组织形式体现出投资人主导、高透明性、高流动性、实时性、开放性的特征，大大降低了交易的成本，提高了金融服务的综合性和收益性。正如银行体系促进纸币取代铸币，网络银行的出现加速了电子货币的出现。尽管电子货币不具有价值尺度的功能，但是由于极大地降低了交易成本，电子货币正在加速替代纸币流通手段和贮藏手段的功能。当前，我国的纸币流通的主要问题在于金融机构经营活动的效率不高，金融市场市场化程度较弱，导致人民币流通效率较低、缺乏自我调节的机制。此外，在互联网金融的背景之下，人民币的流通离不开虚拟货币的流动，也离不开与虚拟货币的兑换，人民币流通制度对人民币和电子货币之间关系的规定无法适应快速变革的时代需求。

首先，中央银行独立性较弱。中国人民银行是由政府创造出的，缺乏成熟的货币制度以及高度发达的银行制度的铺垫。目前，中国人民银行仍然是政府的一个部门，官方色彩仍然比较浓厚，人行在很大程度上仍然是依赖并服务于财政、受财政状况影响的、为政府控制的、反映国家偏好的中央银行；在人民币的问题上，中国人民银行只有执行权而没有决策权，还不能很好地扮演"银行的银行"和"商业银行监管者"的角色。人民币的稳定性和可接纳程度，在很大程度上仍然依赖于政府信用的保证，纸币发行与回笼的渠道和决策，与财政收支的渠道和决策息息相关。此外，当前人民币流通机制中存在的最大的问题是中央银行债权债务关系的失衡。国际上通行的惯例，是以国债这一政府资产作为抵押发行货币的，对政府的偿还能力提出了很高的要求，存在自我偿还的约束机制；我国则是央行使用自己的负债购买全社会的财富——外汇，缺乏偿还的自我约束机制，相当于不需要偿还的长期负债。根据图5.13，这样的流通机制设计，会使人民币价值波动的风险不断累积，进而威胁到人民币的稳定性、降低人民币的接纳程度，从而对我国平等参与国际分工带来消极的影响，不利于我国经济结构的转型升级和国民收入的长期增长。

其次，我国金融机构经营活动效率不高。作为最主要的金融机构，国有商业银行最初是我国高度集中的计划经济体制的产物，扮演了财政出纳的角色；之后经过了股份制改造，逐步实现了形式上的独立经营、自负盈亏的企业法人角色。在社会主义市场经济转型的背景下，作为掌握金融资源控制权的政府，对国有商业银行改革的权力让渡仍然十分谨慎和有限，处处体现出国家偏好和政治意愿，加之中央银行无法扮演好商业银行的最终贷款人和监管者的角色，当前国有商业银行仍然较多地被政府意志所左右，充当国有企业的贷款人和还款人的角色。加之国有商业银行长期依靠其垄断地位获得收益，导致业务体系不完善、治理结构不合理、承担风险能力较弱，适应商业银行的改革能力显得不足。此外，作为重要的金融机构，证券、保险公司发展较晚、发育尚未完全成熟，还不能很好地扮演调剂资金余缺，引导资金流向的作用。根据图 5.13，薄弱的商业银行体系，降低了人民币的接纳程度，使得人民币流通效率较低、自动调剂资金余缺的水平较为薄弱，不利于市场交换的规模扩张和程度的加深。

最后，对人民币和电子货币之间的关系不够重视。在互联网金融的背景下，人民币的流通，需要与虚拟货币和数字货币相协调。如果说纸币是对金属货币符号化的抽象，电子货币则是对纸币的无实物化抽象。从历史上看，金属货币到纸币的抽象产生了有效收兑、发行准备和滥发纸币等问题，可以预见，纸币到电子货币的抽象也会产生许多新的问题。从流通的角度而言，电子货币充当着人民币的代表，存在良币驱逐劣币或劣币驱逐良币的问题。如果人民币越来越多地充当贮藏手段、电子货币越来越多地充当流通手段和支付手段，市面上流通的人民币数量会减少，电子货币会增多。一旦发生电子货币驱逐人民币的现象，电子货币的监管和价值稳定性就是关键问题。此外，从电子货币的兑现而言，电子货币发行商从电子货币业务获取的收益中，相当一部分来自电子货币代表的人民币储备形成的资本投资收益，电子货币的发行商存在"挤兑"的道德风险，客观上存在着减少固定储备比例的倾向，而中国人民银行却希望电子货币有足值的人民币保证、能够实现迅速有效的自由收兑，电子货币的发行商和人民币的发行者之间存在着一定程度利益的冲突，导致人民币流通的风险增加。根据图 5.13，电子货币的出现，可能威胁到人民币的稳定性和可接纳程度，对人民币的流通制度安排提出了更高的要求。

5.3.3　人民币制度改革的目标模式

人民币制度设计的目标模式是：通过提高金融市场和金融机构的经营活动的效率，以人民币发行机制改革为突破，优化人民币券别结构，协调人民币与电子货币之间的关系，最终建立以独立的中央信用为主要保障的、能够灵活满足市场需要的、新型人民币制度，具体分为以下几个步骤：

（1）科学设计人民币的券别结构

从微观上而言，要根据市场的需求，科学优化人民币的券别结构和票面结构，使之更符合市场对纸币的发放、收兑和回笼的需求，达到人民币自身结构内部协调。当前，大额纸币的一部分职能已经被电子货币承担，改善人民币券别结构的突破口是小额纸币硬币化，即小额纸币使用硬币，将硬币的面额扩大到5元和10元，逐步淘汰角币。这些措施可以优化人民币的券别结构，使小额人民币的面额、材质与找零功能相互匹配。

关于如何有效地推行小额纸币硬币化，之前的研究者也提出了许多政策建议，比如："降低政府运行成本C的制度建议有统一硬币的包装、改进硬币的材质和规格、丰富硬币的种类、加强硬币的防伪功能；降低社会组织承担成本K的政策建议有疏通硬币的流通渠道、增设自助收兑清点设备、鼓励硬币横向调配等；惩罚成本F特别针对拒收、拒兑的其他社会组织，建立专门的监管机构和制度；游说成本A则主要指对其他社会组织的宣传教育。"

如果把小额纸币硬币化制度看成一个系统，其功能的好坏依赖于这一系统的结构（见图5.16）。这其中，政府承担的成本C与预期的利润率π呈负相关关系；政府的预期利润率越高，政府实施惩罚或游说策略的动机就越强；政府推行惩罚之后，惩罚行为会同时增加政府的运行成本C和社会组织承担的成本K；政府推行游说策略之后，这种宣传能够将小额硬币交易的意识普及到个人、企业和商业银行中，进而降低社会组织承担的成本K、政府的成本C、政府罚金F。

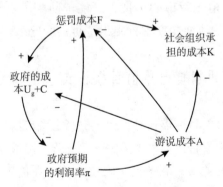

图5.16　小额纸币硬币化系统因果回路

小额纸币硬币化系统中的游说和惩罚，是涨落有别的因素。环路FCπ呈现一个负反馈回路，说明惩罚性的措施F会增加政府的运行成本C，降低政府预期的收益率 π。回路 AFCπ 和 ACπ 均呈现正反馈，游说的举措不仅能够有效地降低政府的运行成本 C 和社会承担的成本 K，还能够降低惩罚行为 F 的必要性、提升预期的利润率 π。一般来讲，子系统的自组织越完善，系统的涌现越有持续发展的能力。惩罚性的措施见效快，但是违背了其他社会组织的意愿，长远来说，会构成对政府信用的透支；宣传和教育虽然见效慢，但是长期效果较好。在实际的执行过程中，政府可以双管齐下、相互配合、相互促进，协同推进小额纸币硬币化的实现。推行小额纸币硬币化，还要在硬币的设计上下功夫，以节约硬币的发行和流通成本，降低政府的实施成本和其他社会组织承担的成本。

（2）逐步改革人民币的发行机制

我国面临内外部环境的变化，迫使经济结构转型升级，经济增速放缓，加之外汇储备的缩水，客观上使得政府财政收入下降，造成政府信用力的下降，导致传统货币发行机制日趋不合理。人民币发行机制的改革，是将人民币制度制定和执行的权力，真正让位给中国人民银行，其关键在于降低财政赤字货币化的程度，增强中央银行的信用和行权的独立性。人民币发行制度的改革，需要牢牢把握以政府财政状况为重要标志的国家信用的变化。改革的目标模式是将传统的"买外汇发行人民币"的发行机制改革成为"买国债发行人民币"类型的发行机制，并且利用国债的资金流向，促进经济结构的转型升级。

陆前进（2011）认为，我国货币发行机制正在逐步放弃固定汇率制的货币局制度，需要进一步加快汇率市场化改革并提升外汇使用效率。楼继伟（2011）主张，中国人民银行应该将以国债为主的国内债券作为央行的主要资产，并用国债买入外汇、对冲外汇储备的增长。根据陈光磊（2012）的研究，外汇占款的方式带来人民币对外升值和对内贬值的双重压力，美联储货币政策的调整，直接威胁我国外汇储备的安全，给我国带来了信贷泡沫和资产泡沫；需要通过购买国债，培养人民币的独立性，逐步形成利率市场化和汇率市场化的局面。朱虹（2015）对比了美日英的货币发行机制后认为，买国债发货币是我国人民币投放机制改革的方向。胡海鸥（2015）认为，买外汇发人民币，是用公众的资产而非政府的负债作为担保，发行的人民币不需要央行偿还，从而使得人民币发行缺乏约束机制，带来通货膨胀。陈沙丽（2016）也认为，外汇占款的方式不利于人民币国际化对稳定汇率的要求，转型后的公开市场操作，包括公开市场的回购协议和创新流通工具两类，需要坚持进行汇率改革和发展货币市场，尤其需要健全短期国债市场。事实上，伴随着汇率改革，我国的人民币发行机制正在由外汇占款，逐渐转变成为央行公开市场操作，由买外汇发人民币为主的投放方式，逐渐过渡到买国债发人民币的投放方式。人民币发行机制未来改革的方向是：逐步转变货币发行的观念，实现货币基础理论的与时俱进；完善各类法规，明晰产权制度，明确中国人民银行的资本总额；明确人民币发行只能买进短期金融票据，而不是外汇；建立资本控制负债规模的架构，明确人民币发行不得超过央行资本的若干倍数，并形成制度约束；完善监督机制，健全公共财政，实现财政收支总量和结构的平衡，构建汇率保底制，最终将人民币的发行方式转变为用国债购买外汇储备、央行以国债作为发行准备发行货币。

然而，目前尚没有研究讨论这种方式的缺陷和风险，以及这种方式是否适合我国的国情。人民币制度的路径依赖机制，能够帮助我们更为深刻地理解中央银行发行人民币的机制以及可能蕴涵的风险，并为人民币发行机制的成功转型提供建议。与买外汇发行人民币的方式相比，买国债发行人民币的方式具有以下两个优点：首先，国债的买卖需要政府及时偿还，因此具有自我调节性，存在有效抑制货币超发风险的内在机制。根据图5.13，人民币价值的稳定会促进我国经济的转型升级，实现国民产出长期有效的增长、增强政府的信用，有利于推进人民币的强势战略，提高人民币的国际地位和影响力。其次，公开市场操作的方式能够充分发挥货币发行的杠杆作用，促进金融资源高效的配置，有效调节国际收支，进而促进资本项目进一步放开，带动利率改革和汇率改革，拉动国内经济和国外贸易的结构升级，提升中国经济在国际竞争中的地位，促进人民币的国际化进程，实现从制造大国向更高水平的创造大国的转变。

同时，买国债发人民币这一方式的潜在风险在于，国债是中央政府的负债，国债的增加可能带来短期财政赤字增加的风险、增大政府还债的压力，政府高昂的负债，会给国家的信用力带来消极的影响，进而可能影响到人民币价值的稳定、带来物价的波动，使图5.13所示的路径依赖进入负锁定的状态。因此，保持人民币币值稳定是人民币发行制度改革的关键，在改革的过程中，人民币发行机制的转变应该与政府职能的转变相互配合，牢牢把握以政府的财政状况为重要标志的政府信用的变化，积极控制政府财政赤字的规模。首先，要积极转变政府的角色和功能，将"大而全"的政府逐步转变成为真正为公共利益服务的服务型政府，改变政府在市场活动中的"错位、越位和缺位"现象。只有精简政府的职能，才能够缓解政府当前庞大的开支压力。其次，要提高财政收入的使用效率。当前我国财政收入的用途较为单一、使用效率较低，存在很多浪费。未来应该规范财政收入的使用，及时公开财政收入的使用范围、方向和数目，将财政资金真正运用到公共产品和公共服务中，以配合公共财政目标的实现，提高财政收入使用的效率。再次，要积极控制国债的数量，优化国债的期限结构。尽管当前我国国债已经由年度规模审批制度，转变成为余额管理制度（陈建奇，张原，2010），但是国债的规模和期限结构的变化，均呈现出与预期相反的态势。因此，未来需要依照专门的法律，建立和完善国库现金管理制度，积极控制周期性财政赤字的规模，尽可能避免政府赤字成为趋势性和恒定性的上升态势（周洛华，2013）。在此基础上，逐步完善发行短期国债弥补季节性赤字的手段和办法、畅通中短期国债的发行和赎回渠道、完善发行和赎回条款，在中短期国债的基础上，积极开发不同的国债种类、扩大国债市场规模、逐步实现国债总量和结构的优化。

（3）健全人民币的流通机制

首先，逐步建立独立的中央银行信用。在现有路径依赖的基础上，能否改变政府信用对人民币价值的直接影响，是人民币制度改革的关键。根据尹龙（2003）的研究，在互联网金融的背景之下，电子货币的出现正在削弱中央银行垄断的货币发行权，铸币税的减少可能进一步威胁我国本就脆弱的中央银行独立性，因此，这场改革显得尤为迫切，稍微地迟缓都可能对未来金融体系改革和新型人民币制度的建立带来深远的影响。要想实现人民币制度与国际接轨，最根本的是要在政治金融家的引导下，逐步建立中央银行信用。只有用中央银行代替政府，成为纸币制度的决策主体，才能用中央银行信用取代政府信用，并将政府信用和人民币稳定性这一对不协调因素，转变成为中央银行信用和人民币稳定性之间的关系，将纸币的发行保证由仅仅靠未来税收的政府信用，回归到顺应市场规律、具有内部制衡机制和自稳定性的商业信用模式上来，体现中央银行的公共利益诉求，从制度上限制纸币无节制地滥发。

一是要将人民币制度的制定和执行的权力真正让位给央行。能否用新型的中央银行信用取代传统的政府信用，是人民币发行方式改革顺利推行的关键。未来需要在政治金融家的引导下，通过建立中央银行信用，使纸币的发行逐渐摆脱依靠税收的、单一政府信用保证的旧有模式，与顺应市场规律、具有内部制衡机制和自稳定性的新型信用制度相协调；同时，将货币政策的中间目标从以"货币数量"为重点，转变为以包含工具、信息的"无货币量"规则为重点，完善中央银行有关的制度、工具、技术、手段等（何海峰，2011），最终建立起以独立的中央信用为主要保障的，适度通货膨胀或紧缩的，相机决策、灵活满足市场需要的新型人民币发行保证制度。二是要积极提升中国人民银行发行管理人民币的水平。要进一步深化人民币制度的全面改革，抓住"石油人民币"的历史机遇，扩大人民币在国际资金市场上的使用范围和使用频率，进一步推动人民币的强势战略。在有效控制金融风险的前提下，深化资本项目自由化改革，继续推进利率改革和汇率改革，逐步实现本币一定程度的可自由兑换，降低汇率风险、提高交易效率（甘星和印赟，2016）。在"买国债发人民币"的实施过程中，要保持国库资产的同步增加，优化并高效利用现有的外汇储备，将外汇储备由单一的美元式转变为多种形式、丰富其投资品种和投资渠道，分散投资风险、提高政府资产的投资收益率。

其次，要深化金融中介机构独立市场地位的改革。在真正确立国有商业银行独立市场主体地位的基础上，持续推进综合化改革。一是建立市场化平等契约模式，通过市场化的方式，让国有商业银行获得金融资源分配中节约的一部分社会交易成本，激励国有商业银行的积极性和主动性。充分尊重国有商业银行的主体地位，将传统的委托代理模式进一步转变为新型的合作模式（见图 5.17、见图 5.18），运用平等的契约关系取代行政性的命令。要想顺利地确立国有商业银行独立的市场地位，要强化法治意识和产权精神，为激励和平等契约方式的运用积极创造条件，争取实现政府、中央银行与商业银行的平等合作。在市场化的基础上，只有充分调动大众和商业银行主体的积极性、理顺激励机制，才能最终实现国有商业银行的综合化改革。二是加大对包括证券、保险、互联网金融企业在内的民间金融中介机构的支持，为其与国有商业银行之间的充分竞争创造有利的市场化条件，活跃金融中介市场的开放性。当前，传统金融中介赖以存在的相对信息优势已经不复存在，当代金融中介机构竞争的核心在于附加信息和增值服务，其实力的关键不仅局限于资产储备，更在于客户的信心和技术安全的保障。因此，传统金融机构需要学习对代表未来发展趋势的互联网金融企业，信息、技术和经营理念的共享是学习的关键。通过对比图5.17 和图 5.18，我们可以较为清晰地理解民间金融机构的角色和作用。引入民间金融中介之前，金融资源的调配主要是国有商业银行负责实现的；引入民间金融中介之后，民间金融中介公司与国有商业银行一样，充分参与到国家金融资源的配置中。民间金融机构具有以下优势：能够在已有商业网络的基础上建立基层网点，民间金融中介公司具有分布广的特点；这些基层网点本身就是金融资源分配和使用的微观主体，吞吐消化的能力很强、与人民生活息息相关；民间金融中介能够丰富金融资源的流通渠道，减少金融资源的调运成本，活跃金融市场的效率。

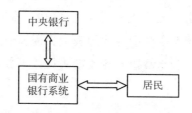

图 5.17　未引入民间金融中介的结构

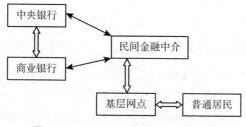

图 5.18　引入民间金融中介的结构

最后，要协调人民币和电子货币之间的关系。一是要协调人民币和电子货币之间的关系。电子货币需要借助人民币保证其信用、扩大其流通的范围和区域、提高其使用的频率；人民币也需要借助电子货币降低其交易成本、提高交易效率。因此，未来要在人民币和电子货币相互补充、共同促进的基础上，构建电子货币发行数量、发行准备和兑换制度方面的长效约束机制，在人民币制度的基础上构建电子货币制度。二是要协调人民币总量和电子交易之间的关系，要善于调动电子货币商业信用保证背后的市场运行机制，实现对电子货币及时有效的监管。具体而言，电子货币大规模的使用，是一个不可逆转的趋势，客观上要求中国人民银行具备发行和控制电子货币规模数量的能力。中国人民银行不仅不能排斥电子货币，反而要积极地参与到电子货币的发行、流通制度的制定和完善中。改革的关键在于明确电子货币设计中的产权和信用的问题。在虚拟的环境下，将虚拟身份和实际的财产权结合，需要对虚拟身份有严格的实名认证和身份核实。传统的安全密匙、短信认证等方式都是基于信息的认证，未来要引入生物识别，明确货币独一无二性的财产所有权。从法律的角度讲，要尽快完善关于电子货币的立法。电子货币的发行交易的主体众多，需要政府出面，制定统一的法律，规范各方的行为。与此配合，需要建立服务规范电子货币的专门机构。电子货币是一个新生事物，在其产生和发展的过程中，必然会出现这样或者那样不协调的表现，需要有专门的机构和部门预测、防范金融风险，动态调整相关的政策法规，不断进行制度创新，实现金融协调。

5.4

小结

本章揭示了我国纸币制度变迁的路径依赖机制，其核心在于政府信用和纸币稳定性之间的正相关关系，导致我国纸币制度的变迁受到因果回路图中的正、负反馈回路的交替作用，呈现周期性的特点。中国古代纸币制度的历史周期率、近代纸币制度的实证分析，借助史实证明了理论推导得到的路径依赖机制的存在和正确性，人民币制度的改革符合中国纸币制度的路径依赖机制。当前，我国经济正面临着转型升级的压力，人民币国际化进程不可逆转，人民币制度结构性制度安排和总量性制度安排都存在着缺陷，人民币制度的渐进式改革不可逆转，具体而言，一要以小额纸币硬币化作为突破口，科学设计人民币的券别结构；二要逐步推进人民币发行制度的改革，将"买外汇发行人民币"转变为"买国债发行人民币"的方式；三要健全人民币的流通机制，将人民币制度的制定和执行权逐步让渡给中国人民银行，加强国有商业银行独立的市场地位，积极发展民间金融中介机构，协调人民币与电子货币的关系，在此基础上，逐步建立起高效灵活的人民币流通制度。我国人民币制度改革的方向是：在政治金融家的引导下，从依赖财政信用、满足政治偏好的传统模式，逐渐转变为更多地依赖商业信用、满足市场需要的、设计更加科学合理的新型模式。未来的改革要顺应并利用路径依赖机制，逐步改革人民币的发行制度、流通制度和券别结构，促进人民币制度进入良性循环，进而对我国经济和金融起到积极推动地作用。

第6章

结论与展望

6.1

结论

当前正值我国经济转型的关键时期，亟待建立与之协调的人民币制度，以顺应人民币国际化的趋势。人民币国际化，核心在于人民币制度的自我构建和不断优化，人民币制度主要包括人民币的发行、流通和监管制度，改革的目标是建立与市场经济发展水平相适应的、能够促进经济转型升级的、能够增强我国国际竞争力的、具有稳定价值的新型人民币制度。然而，目前对于人民币制度改革的研究，主要以学习西方成功经验的研究为主，缺乏对我国国情下纸币制度来龙去脉的动态思索。本书采用新制度经济学的研究范式，在金融协调理论的指导下，明确我国纸币制度经历了"古代国家信用纸币制度——近代银行券制度——当代的不兑现信用本位货币制度"三个阶段，遵循特殊的变迁路径；这一路径的形成，既是纸币制度追求内外协调的结果，也是政府和其他社会组织博弈均衡的结果；这一路径背后的路径依赖机制的关键在于，政府信用对纸币价值稳定性的决定性影响。在此基础上，找到适合我国国情的人民币制度改革路径依赖机制，确立人民币制度改革合理的目标模式，对于提高整个金融系统的运行效率，维护我国金融和经济的稳定持续发展意义重大。现将本书的主要工作和创新性总结如下：

（1）本书总结出中国纸币制度系统的变迁路径

从交子的产生到人民币面临国际化挑战的今天，我国纸币绵延发展九百余年，其间纸币的发行主体、收兑渠道、单位、面额屡次更改，自上而下的强制性制度变迁和自下而上的诱致性制度变迁交替进行，纸币的发行主体从单个富商、到富商联合、到政府垄断、到自由发行又回归政府垄断，纸币的发行范围从小到大，数额从随意填写到规定金额，时空界限由放开、限制再到放开，种类由少到多再到少，这无不是纸币制度系统内部的发行子系统、流通子系统和监管子系统变迁的结果。纸币制度经历了从宋至今六个朝代，按照其属性和特征，大致可以分为三个阶段：古代国家信用纸币制度阶段、近代银行券制度阶段、当代不兑现信用本位货币制度阶段，阶段定位法帮助我们刻画出我国纸币制度的变迁路径：古代国家信用纸币制度阶段——近代银行券制度阶段——当代不兑现信用本位货币制度阶段。这其中，前两个阶段已经完成，人民币制度处于第三个阶段的初期。研究前两个阶段的纸币制度，明确其前后衔接的过程，无疑能够给当今人民币制度的改革以启发。

（2）本书揭示了中国纸币制度变迁路径背后的金融协调机理

运用金融协调理论审视中国纸币制度的变迁路径可以发现，中国纸币制度受金融协调和金融不协调两种力量的推动，不断进化发展。古代国家信用纸币制度产生之初，适应早期封建商品交换发展水平的要求，设定了较为科学的票面结构，其发行主体、发行渠道的规定与纸币的回收兑换渠道有效重合，促进了交易成本的降低。伴随着封建商品交换规模和频率的提升，古代国家信用纸币制度内在不合理的券别结构设计、国家信用缺乏制约机制的不协调性开始显现，最终不能适应中国商业革命的要求，被近代银行券制度所取代。近代银行券制度产生之初，从制度上理顺了纸币发行方式和有效收兑之间的关系，更能适应商业革命的需要。但是，半殖民地半封建社会下，面对外资银行银行券的竞争，我国稚嫩的近代银行券制度不得不处于政治金融家的主导下，依赖于政府的支持而缺乏独立性和自主性，发行流通混乱，常常沦为政府弥补赤字的手段。近代银行券制度的内外不协调，最终导致其被新中国政府建立的不兑现信用本位货币制度所取代。因此，人民币制度的改革，也需要以同时追求人民币制度的内外协调为目标。

（3）本书还揭示了中国纸币制度变迁路径背后的博弈均衡机制

追求金融协调的过程，实际上也是政府和其他社会组织之间策略互动的过程，博弈论从定量的角度进一步揭示了这种策略互动的实质。本书借助委托代理模型分析了纸币制度系统的二重结构，借助博弈树模型分析了纸币制度系统的功能。具体而言，古代国家信用纸币制度系统中，存在其他社会组织对政府的简单委托代理关系，但是由于其他社会组织（委托人）缺乏对政府（代理人）的有效监管，导致恶性通货膨胀频繁发生，是古代国家信用纸币制度失败的根源。近代银行券制度系统中，存在"公众——政府——政治金融家"之间的双重委托代理关系，政府和政治金融家之间的合谋，导致恶性通货膨胀现象不能避免，使得近代银行券制度内在十分脆弱。只有赋予中央银行独立的决策权和执行权，才能改变这种合谋的状态；只有构建新型的纸币制度系统结构，才能建立新型的人民币制度。在这种二重结构下，政府和公众并非只有冲突，更多的时候还彼此合作。竞争合作的交织作用下，我国纸币制度系统发挥了强大的功能，不断地引导纸币制度走向内外协调。完全信息两阶段博弈树模型的构建，说明中国的纸币制度怎么确立纸币制度，又怎么导致周期性纸币滥发的，进而说明我国纸币制度系统功能的实现。应该说，我国纸币制度变迁的路径，是政府和其他社会组织不断追求博弈均衡以实现金融协调的过程。

（4）本书揭示了古代国家信用纸币制度的历史周期率

历代纸币制度初建时期，纸币往往具有比较严格的存款准备制度和比较稳定的价值，与之相协调的是政治上的吏治清明、财政上的量入为出、良好的社会经济政治秩序，纸币制度的实施效果也比较好，能够起到刺激生产、恢复发展的作用，纸币制度产生之初遵循自我强化、稳定发展的路径。在纸币制度实施的调整改革时期，出现民生状况开始恶化、纸币轻微膨胀、财政危机的局面，此时纸币制度需要调整。这一阶段，纸币制度以稳定币值、增强纸币流通性为主要目标，从而提高其他社会组织拒绝使用纸币的成本。纸币的稳定，一方面能够降低其他社会组织的市场交易成本，另一方面能够帮助政府提高威信。虽然政府和其他社会组织的出发点不同，但是两者都竭力维护纸币币值的稳定，此时的纸币制度会继续发展，并获得广泛的流通和使用。纸币制度的晚期，伴随的是政治上的腐败怠政、经济上的民生恶化、财政上的监管混乱。面临内忧外患的局面，政府为了维护自身的统治地位，往往会选择纸币滥发的制度安排，将巨大的军费开支转嫁给其他社会组织；恶性通货膨胀的实质是对其他社会组织收益的攫取和侵蚀，相当于一种隐形的税收，必然会引来其他社会组织的拒绝，其他社会组织最终会选择政府的替代者，以维护自身的收益。本书发现，古代国家信用纸币制度同样遵循中国古代历史的历史周期率，这种周期性证明了中国纸币制度变迁路径的路径依赖机制。

（5）因果回路模型阐释了我国纸币制度变迁的路径依赖机制

在遵循纸币自身发展规律的前提下，我国纸币制度发展的特殊性在于政府或政治金融家的主导作用，即政府或政治金融家拥有回答怎么办的话语权，而其他社会组织更多时候只能回答是与否，即使出现了诱致性的变迁，其话语权与政府相比仍然较弱，不得不依赖于政府的支持。因此，政府信用对于纸币的稳定性起到决定性的作用。古代纸币制度的历史周期律效应、近代财政赤字与物价水平的实证分析，共同证明了政府信用和纸币价值稳定性之间正向联系的存在。良好的政府信用，会促进纸币的接受程度，进一步促进分工、降低交易成本、提高国民收入，增加政府税收，强化政府信用。而一旦政府出现巨额赤字，政府信用下降，会波及纸币的稳定，加速经济的衰败，进一步威胁政府的信用。人民币制度的改革符合中国纸币制度变迁的路径依赖机制，在人民币制度市场化的过程中，经历了"计划性特征的延续——从计划向市场的过渡——市场化改革的持续深化"三个阶段，目前实施的人民币制度，在一定程度上成功地诱发了正反馈机制，具有自增强效应。然而，在人民币国际化和供给侧改革的背景下，这一制度已经步入了负反馈，需要用更为强势、主动、自由的人民币制度，取代旧有的、被动的人民币制度。当前，人民币结构性制度安排的缺陷主要表现为不合理的券别结构，总量性制度安排的缺陷主要表现为弱独立性的发行制度安排和低市场化程度的流通制度安排。运用本书提出的路径依赖机制可知，人民币制度下一步改革的目标模式如下：在科学构建人民币券别结构的基础上，将传统的"买外汇发行人民币"的方式逐渐转变成为"买国债发行人民币"的方式，强化国有商业银行的市场主体地位，充分赋予中央银行独立制定和执行人民币制度的权利，用独立的央行信用逐步取代政府信用，实现具有自增强和自稳定机制的人民币制度。

6. 2

展望

中国纸币制度变迁问题，涵盖的内容比较广泛，制约因素众多。本书从宏观的视角对中国纸币制度变迁的路径、路径形成的原因以及路径依赖机制进行了分析，但由于时间、篇幅和研究水平的限制，还有许多问题未深入地探讨，现将其罗列如下：

（1）分类别、分阶段详细阐释中国纸币制度系统各个子系统的变迁过程，总结出其变迁路径和路径依赖机制。中国纸币制度的变迁，又可以分为中国纸币的发行制度变迁和中国纸币的流通制度变迁两类，从这两个角度着眼，侧重点不同，会分别得到什么样的路径？这两条路径有什么特点？这两条路径和西方有什么异同？和中国纸币制度变迁的总路径有什么关联？

（2）在纸币制度变迁的过程中，从金属货币到纸币，是货币制度的一次飞跃；从纸币到电子货币，是货币制度的又一次飞跃；每一次飞跃是对货币实质的一次抽象，是货币信用本质的一次升华。在中国纸币制度变迁的过程中，我国货币制度的内涵发生了怎样的变化？其中货币不变的本质是什么？这一变化体现了怎样的中国特色？对当前电子货币制度的建立和完善有什么启示？

（3）明朝以后，伴随着全球一体化和对外贸易的发展，中国纸币越来越多地与外国纸币发生联系，中西方的纸币制度互相影响、互相借鉴、互相学习。我国纸币与外国纸币的兑换关系是怎么变化的？我国纸币汇兑制度的变迁路径是什么？我国纸币汇兑制度变迁的路径依赖机制是什么？对人民币汇率制度改革有什么启示意义？

（4）中国纸币制度的变迁不仅受经济系统的影响，还受到政治系统和社会系统的影响。我国的政治制度和社会制度是怎么影响中国纸币制度变迁的？中国纸币制度的变迁又如何反作用于中国的政治制度系统和社会制度系统？能否构建一个包含经济、政治、社会系统在内的，更加全面的中国纸币制度变迁的路径？其背后的路径依赖机制会在哪些方面得到补充和丰富?

　　此外,任何模型都离不开其所处的时代和背景,在将来更为深入的研究中,有必要先挖掘和分析书中模型关键变量的影响因素,使模型更符合历史的实际、符合经济学的逻辑,从史实出发,反映史实、发现规律,才能具有更高的理论价值。总之,人民币制度的改革,是一个在矛盾中不断妥协、协调、寻求合作的过程,需要我们不断地在实践和理论中摸索;对中国纸币制度变迁的内容,还有很多值得深入发掘、延伸、拓展的地方,以上问题值得我们在未来的研究中仔细思索和深入探讨。

参 考 文 献

[1] 蔡襄. 宋集珍本丛刊, 第七册, 蔡忠惠公文集, 卷 18, 论兵十事 [M]. 成都: 四川大学古籍研究所, 2004.

[2] 常永胜. 马克思货币经济理论探索 [J]. 学术月刊, 1997 (12): 45 - 50.

[3] 陈光磊. 人民币发行机制改革或已水到渠成 [N]. 上海证券报, 2012. 12. 27.

[4] 陈建奇, 张原. 国债期限结构为何刚性难调——基于中国债券市场制度约束的分析 [J]. 证券市场导报, 2010 (1): 18 - 23.

[5] 陈昆, 李志斌. 财政压力、货币超发与明代宝钞制度 [J]. 经济理论与经济管理, 2013 (7): 25 - 38.

[6] 陈昆. 宝钞崩坏、白银需求与海外白银流入——对明代白银货币化的考察 [J]. 南京审计学院学报, 2011 (2): 26 - 34.

[7] 陈沙丽. 人民币国际化进程中货币发行机制的转变及效果分析 [J]. 对外经贸, 2016 (3): 85 - 86.

[8] 褚俊虹, 党建中, 陈金贤. 普适性信任及交易成本递减规律——从交易货币化看货币的信用本质 [J]. 金融研究, 2002 (3): 32 - 38.

[9] 崔晓培. 中国实业银行概况研究 [D]. 河北师范大学, 2009: 9.

[10] 戴建兵. 中国纸币史话 [M]. 天津: 百花文艺出版社, 2006: 113.

[11] 杜文玉, 王克西. 宋代纸币的发行、回笼、兑换与买卖 [J]. 史学月刊, 1992 (1): 22 - 28.

[12] 杜恂诚. 金融制度变迁史的中外比较 [M]. 上海: 上海社会科学院出版社, 2004: 11 - 23.

[13] 樊纲, 张曙光等. 公有制宏观经济理论大纲 [M]. 上海: 上海三联书店, 1990: 1-50.

[14] 樊纲. 论"国家综合负债"——兼论如何处理银行不良资产 [J]. 经济研究, 1999 (5): 11-17.

[15] 甘星, 印赟. 人民币有效汇率变动对我国出口贸易影响的研究 [J]. 宏观经济研究, 2016 (3): 128-138.

[16] 高桥弘臣. 宋金元货币史研究 [M]. 上海: 上海古籍出版社, 2010: 118.

[17] 郭金龙. 复杂系统范式视角下的金融演进与发展 [M]. 北京: 中国金融出版社, 2007.

[18] 韩毅. 历史的制度分析——西方制度经济史学的新进展 [M]. 沈阳: 辽宁大学出版社, 2002: 33-34.

[19] 何海峰. 中国"迷失的货币" [M]. 社会科学文献出版社, 2011: 218.

[20] 黑田明伸. 货币制度的世界史 [M]. 北京: 中国人民大学出版社, 2007: 85-108.

[21] 胡海鸥, 王润华. 央行资本金约束与货币发行机制的规范 [J]. 上海金融, 2013 (4): 23-25.

[22] 胡海鸥. 吴继平, 我国买外汇发行人民币的弊端分析——基于铸币税的视角 [J]. 现代管理科学, 2015 (4): 27-29.

[23] 黄达. 人民币的风云际会: 挑战与机遇 [J]. 价格理论与实践, 2004 (11): 47-49.

[24] 黄冕堂. 中国历代价格问题考述 [M]. 济南: 齐鲁书社, 1999: 47-49.

[25] 贾大泉. 宋代赋税结构初探 [J]. 社会科学研究, 1981 (3): 53-60, 83.

[26] 姜丽文. 宋代纸币制度的源起和流变 [J]. 中国商界, 2008 (3): 34.

[27] (金) 刘祁. 归潜志, 卷10 [M]. 北京: 中华书局, 1983.

[28] 孔祥毅. 百年金融制度变迁与金融协调 [M]. 北京: 中国社会

科学出版社，2002.

[29] 孔祥毅. 百年金融制度变迁与金融协调 [M]. 北京：中国社会科学出版社，2002：202.

[30] 孔祥毅. 百年金融制度变迁与金融协调 [M]. 北京：中国社会科学出版社，2002：40 - 49.

[31] 孔祥毅. 百年金融制度变迁与金融协调 [M]. 北京：中国社会科学出版社，2002：427 - 440.

[32] 孔祥毅. "明清中国金融革命及其货币商人"之一：明清中国金融革命的背景与标志 [J]. 金融博览，2009（2）：68 - 71.

[33] 孔祥毅. 山西票号与清政府的勾结 [J]. 中国社会经济史研究，1984（3）：1 - 12.

[34] 孔祥毅. 山西商人对中国商业革命的贡献 [C]. 中国经济思想史学会年会论文，2002：1 - 5.

[35] 李帮义，王玉燕. 博弈论及其应用 [M]. 北京：机械工业出版社，2010：37.

[36] 李宏伟，屈锡华. 路径演化：超越路径依赖与路径创造 [J]. 四川大学学报（哲学社会科学版），2012，179（2）：108 - 114.

[37] 李骏耀. 中国纸币发行史 [M]. 重庆：竟成出版社，1933.

[38] 李勇五. 中国明清银本位货币制度研究 [D]. 山西财经大学博士论文，2014.

[39] 李志强. 制度系统论：系统科学在制度研究中的应用 [J]. 中国软科学，2003（4）：149 - 153.

[40] （梁）沈约. 宋书，卷45，刘粹传 [M]. 北京：中华书局，1974.

[41] 梁言. 试论明代纸币发行和通货膨胀的关系 [J]. 法制与社会，2008（10）：254.

[42] 刘超，徐飞鸿，路英. 基于系统动力学的货币政策多目标交互行为 [J]. 系统工程，2015（4）：82 - 91.

[43] 刘超. 新制度经济学与系统科学的融合性研究 [J]. 东岳论丛，2011（23）：121 - 128.

［44］楼继伟.中国需要继续深化改革的六项制度［J］.孙冶方经济科学奖获奖论文集，2011：523－536.

［45］陆前进.改革货币发行机制需两种模式相结合［N］.证券市场报，2011.05.03.

［46］骆玉鼎.交易货币化与货币的信用本质［J］.财经研究，1998（9）：22－27.

［47］苗东升.系统科学精要［M］.北京：中国人民大学出版社，2010：22－30.

［48］（明）曹学佺.蜀中广记，卷67，方物［M］.北京：四库馆，1868.

［49］（明）陈子龙.明经世文编，钞币论［M］.北京：中华书局影印，1962.

［50］（明）黄淮，杨士奇.历代名臣奏议卷172［M］.上海：上海古籍出版社，2012.

［51］（明）黄淮，杨士奇.历代名臣奏议卷273［M］.上海：上海古籍出版社，2012.

［52］（明）宋濂.元史，食货志，钞法［M］.北京：中华书局，1976.

［53］（明）宋濂.元史，世祖记，耶律楚材传［M］.北京：中华书局，1976.

［54］（明）王世贞.弇州史料后集［M］.北京：学识斋，1868.

［55］（明）王祎.王忠文公文集，泉货议［M］.上海：上海古籍出版社，2010.

［56］（摩洛哥）伊本·白图泰.伊本·白图泰游记［M］.银川：宁夏人民出版社，1985.

［57］诺斯.经济史中的结构与变迁［M］.上海：上海三联书店，1994（2）：20.

［58］诺斯.制度、制度变迁与经济绩效［M］.上海：上海三联书店，2008：5.

［59］彭信威.中国货币史［M］.上海：上海人民出版社，1965：

537.

[60] 彭信威. 中国货币史 [M]. 上海：上海人民出版社，2007.

[61] 钱穆. 中国历史研究法 [M]. 上海：三联书店，1999：3.

[62] 乔幼梅. 金代货币制度的演变及其对社会经济的影响 [J]. 中国钱币论文集，1985：242－292.

[63] 秦朵. 改革以来的货币需求关系 [J]. 经济研究，1997（10）：16－25.

[64] （清）王夫之. 宋论，卷4，仁宗 [M]. 北京：中华书局，2003.

[65] （清）许楣. 钞币论，钞利条论八 [M]. 北京：文求堂书店，1922.

[66] （清）张廷玉. 明史，卷81，食货志 [M]. 北京：中华书局，1974.

[67] 盛松宁. 刚性需求如何转为有效需求 [J]. 城市开发，2009（22）：76－77.

[68] （宋）范成大. 吴船录 [M]. 杭州：浙江人民美术出版社，2016.

[69] （宋）李焘. 续资治通鉴长编卷46 [M]. 北京：中华书局，2004.

[70] （宋）李焘. 续资治通鉴长编卷59 [M]. 北京：中华书局，2004.

[71] （宋）李攸. 宋朝事实，丛书集成本 [M]. 北京：商务印书馆，1936：232.

[72] （宋）李攸. 宋朝事实卷15 [M]. 北京：中华书局，1955.

[73] （宋）刘敞. 公是集，卷51，先考 益州府君行状 [M]. 北京：商务印书馆，1937.

[74] （宋）吕陶. 净德集，卷1，奏乞放免宽剩役钱状 [M]. 北京：中华书局，1985.

[75] （宋）苏轼. 苏轼文集 [M]. 北京：中华书局，1986：224.

[76] （宋）杨冠卿. 客亭类稿，卷9，重楮币说 [M]. 北京：四库

馆，1868.

[77] 宋叙五，赵善轩.包世臣的货币思想研究［N］.新亚学报，香港，2006，24（6）.

[78] 孙兵.明洪武朝宝钞的印造与支出探微［J］.江西社会科学，2003（8）：57-60.

[79] 孙金鹏.货币发行机制的三十年变迁［J］.南风窗，2008（22）：64-65.

[80]（唐）赵璘.因话录，卷6，羽部［M］.北京：商务印书馆，1941.

[81] 唐景.论元朝的纸币管理制度［J］.广州社会主义学院学报，2009（3）：68-71.

[82] 王广谦.20世纪西方货币金融理论研究：进展与述评［M］.北京：经济科学出版社，2003：344.

[83] 王书华，孔祥毅.信誉博弈、制度均衡与晋商信用制度变迁分析［J］.山西财政税务学校学报，2009（11）：62-66.

[84] 王玉茹.近代中国物价、工资和生活水平研究［M］.上海：上海财经大学出版社，2007：18.

[85] 王元龙.中国金融安全论［M］.北京：中国金融出版社，2003：64.

[86] 魏建猷.中国近代货币史［M］.合肥：黄山书社，1986：196.

[87] 乌杰.系统哲学［M］.北京：人民出版社，2013（1）：59.

[88] 吴敬琏.路径依赖与中国改革［J］.改革，1995（3）：57-59.

[89] 吴秋生.票号式诚信及其在现代金融诚信建设中的借鉴意义［J］.江西财经大学学报，2010（1）：11-15.

[90] 武巧珍.对货币制度变迁与金融协调的理论分析［J］.生产力研究，2004（6）：48-50.

[91] 谢平.中国金融制度的选择［M］.上海：上海远东出版社，1996.

[92] 熊毅.中国货币政策演进中的去财政化［M］.武汉：武汉出版社，2009：104-108.

[93] 徐诺金，梁斌.货币理论的演进与应用 [J].中国金融，2014（15）：39-41.

[94] 岩村忍，涛海.元朝的纸币制度及其崩溃 [J].蒙古学信息，1999（2）：7-11.

[95] 燕红忠，王昉.中国金融史研究的动态与新进展 [J].中国经济史研究，2015（2）：129-135.

[96] 燕红忠.货币供给量，货币结构与中国经济趋势：1650-1936 [J].金融研究，2011（7）：57-69.

[97] 杨丽.1998 年以来我国货币政策有效性评析 [J].金融研究，2004（11）：98-103.

[98] 杨硕英.思考与变革组织学习 [J].中国人才，2002（9）：17-19.

[99] 杨荫溥.民国财政史 [M].北京：中国财政经济出版社，1985（43）：102.

[100] 杨志勇.近代中国金融机构变迁研究 [D].山西财经大学博士论文，2014.

[101] 姚遂.中国金融思想史 [M].上海：上海交通大学出版社，2012.

[102] 叶世昌等.中国货币理论史 [M].北京：中国金融出版社，1986.

[103] 叶世昌.元代的纸币流通制度 [J].中国经济史研究，1997（4）：87-94.

[104] 易纲.中国的货币、银行和金融市场：1984-1993 [M].上海：上海三联书店，1996.

[105] （意）马可波罗口述.马可波罗游记 [M].福州：福建人民出版社，1981.

[106] 尹龙.网络金融理论初论 [M].西南财经大学出版社，2003：93.

[107] 于学军.从渐进到突变：中国改革开放以来货币和信用周期考察 [M].北京：中国社会科学出版社，2011：114.

［108］（元）脱脱. 金史，卷 170 ［M］. 北京：中华书局，1975.

［109］（元）脱脱. 金史，卷 48，食货三 ［M］. 北京：中华书局，1975.

［110］（元）脱脱. 宋史，卷 180，食货志下 ［M］. 北京：中华书局，1985.

［111］（元）脱脱. 宋史，卷 30 ［M］. 北京：中华书局，1985.

［112］（元）脱脱. 宋史，卷 329，邓绾传 ［M］. 北京：中华书局，1985.

［113］（元）吴澄. 吴文正集，卷 88，刘忠宪公行状 ［M］. 北京：四库馆，1868.

［114］曾定凡. 路径依赖与路径创造 ［J］. 贵州社会科学，2010（9）：81 - 84.

［115］张本照，杨皓，邱媛. 影响我国货币政策效果的制度因素分析 ［J］. 现代管理科学，2007（4）：107 - 109.

［116］张步海. 宋金元纸币的发展演变及其影响 ［D］. 山东大学，2013，50 - 51.

［117］张国辉. 晚清货币制度演变述要 ［J］. 近代史研究，1997（5）：16 - 40.

［118］张杰，晓鸥. 中国的高货币化之谜 ［J］. 经济研究，2006（6）：59 - 69.

［119］张杰. 制度金融学的起源：从门格尔到克洛尔 ［J］. 东岳论丛，2010，31（10）：83 - 96.

［120］张杰. 中国的货币本位困境：历史根源与演进机理 ［J］. 东岳论丛，2009，30（8）：5 - 25.

［121］张杰. 中国货币金融变迁的特殊机理及其制度含义：本土文献述评 ［J］. 金融评论，2011（6）：1 - 20.

［122］张杰. 中国金融制度的结构与变迁 ［M］. 太原：山西经济出版社，1998.

［123］张亚兰. 中国对外金融关系演进分析 ［M］. 北京：经济科学出版社，2006.

[124] 赵轶峰. 试论明代货币制度的演变及其历史影响 [J]. 东北师大学报: 哲学社会科学版, 1985 (4): 41 - 46.

[125] 中国人民银行. 中华人民共和国人民币管理条例 [M]. 北京: 中国金融出版社, 2000.

[126] 中国人民银行总行参事室. 中华民国货币史资料, 第二辑 [Z]. 上海: 上海人民出版社, 1991: 199.

[127] 中华人民共和国国家统计局 http: //data. stats. gov. cn/ks. htm? cn = C01.

[128] 周洛华. 锚定 "长期国债波动率" 的货币发行新机制——试析美联储扭转操作的原理与影响 [J]. 世界经济研究, 2013 (6): 35 - 39.

[129] 周旭峰. 中国工业化进程中的金融先导战略研究 [D]. 山西财经大学博士论文, 2013.

[130] 朱虹. 各国 (地区) 货币发行机制机理初探 [J]. 上海金融, 2015 (12): 40 - 47.

[131] A. Cukierman, F. Lippi. Central Bank Independence Centralization of Wage Bargaining , Inflation, and, Unemployment – Theory, and, Some, Evidence [J]. European Economic Review, 1999 (43): 1395 – 1434.

[132] A. Smith, The wealth of nations [M]. London: Penguin Classics, 1982: 8 – 16.

[133] C. Goodhart, A. Charles. The Two Concepts of Money: Implication for the Analysis of Optimal Currency Areas [J]. European Journal of Political Economy, 1998, 14 (3): 407 – 432.

[134] D. Ricardo, On the principles of political economy and taxation [M]. London: G. Fischer, 1923: 80 – 92.

[135] D. Sherwood. Seeing the Forest for the Trees: A Manager's Guide to Applying Systems Thinking [M]. London: Nicholas Brealey Publishing, 2002.

[136] D. Soskice, T. Iversen. Multiple Wage-bargaining Systems in the Single European Currency Area [J]. Oxford Review of Economic Policy, 1998 (14): 110 – 124.

[137] D. Soskice, T. Iversen. The Nonneutrality of Monetary Policy with

Large Price or Wage Setter [J]. Quarterly Journal of Economics, 2000 (115): 265 – 284.

[138] F. Coricelli, A. Cukierman, A. Dalmazzo. Monetary Institutions, Monopolistic Competition, Unionized Labor Markets and Economic Performance [J]. Scandinavian Journal of Economics, 2006 (1): 39 – 63.

[139] F. Lippi. Revisiting the Case for a Populist Central Banker [J]. European Economic Review, 2002 (46): 601 – 612.

[140] G. Bratsiotis, C. Martin. Stabilization, Policy Targets and Unemployment in Imperfectly Competitive Economies [J]. The Scandinavian Journal of Economics, 1999 (1): 1606 – 1608.

[141] Geoffrey Ingham. Further Reflections on the Ontology of Money: Response to Lapavistas and Dodd [J]. Economy and Society, 2006 (2): 259 – 278.

[142] Geoffrey Ingham. The Nature of Money [M]. London: London Polity, 2004.

[143] G. Papadopoulos. Between Rules and Power: Money as an Institution Sanctioned by Political Authority [J]. Journal of Economic Issues, 2009 (4): 951 – 969.

[144] G. Simmel, The Philosophy of Money [M]. London: Taylor & Francis — Routledge, 2011: 125 – 137.

[145] G. Simmel, The Philosophy of Money [M]. London: Taylor & Francis—Routledge, 2011: 98 – 110.

[146] G. Tullock. Paper Money – A Cycle in Cathay [J]. The Economic History Review, 1957 (3): 393 – 407.

[147] H. King. Money and Monetary Policy in China, 1845 – 1895 [M]. Harvard: Harvard University Press, 1965.

[148] H. Soto. The Mystery of Capital: Why Capitalism Triumphs in the West and Falls Everywhere Else [M]. London: Bantam Press, 2000.

[149] I. Mckinnon. Money and Capital in Economic Development [M]. Washington: Brooking Institution, 1973: 9 – 40.

[150] J. Borland, X. Yang. Specialization and a New Approach to Economic Organization and Growth [J]. American Economic Review, 1992, 82 (2): 386 – 391.

[151] J. Commons, Institutional Economics [M]. New Brunswick: Transaction Publishers, 1989: 145 – 158.

[152] J. Hicks, Critical Essays in Monetary Theory [M]. Oxford: Clarendon Press, 1967: 158 – 159.

[153] J. Keynes, The General Theory of Employment, Interest and Money [M]. London: Palgrave Macmillan, 2007: 135 – 153.

[154] J. Nash. Ideal Money [J]. Southern Economic Journal, 2002 (1): 4 – 11.

[155] J. Niehans. Money and Barter in General Equilibrium with Transaction Costs [J]. American Economic Review, 1971, 61 (5): 773 – 783.

[156] J. Pickering. The History of Paper Money in China [J]. Journal of the American Oriental Society, 1844 (2): 136 – 142.

[157] J. Schumpeter, The Theory of Economic Development [M]. New Brunswick: Transaction Publishers, 1983: 110 – 118.

[158] J. Searle, What, is, an, Institution? [J]. Journal, of, Institutional, Economics, 2005 (1): 1 – 22.

[159] J. Stiglitz, B. Greenwald. Towards a New Paradigm in Monetary Economics [M]. Cambridge: Cambridge Books, 2003: 22 – 25.

[160] K. Marx, Capital [M]. Moscow: Progress publisher, 1887: 179 – 182.

[161] K. Marx, Capital [M]. Moscow: Progress publisher, 1887: 78 – 92.

[162] K. Menger, On the Origin of Money [J]. The Economic Journal, 1982, 2 (6): 67 – 82.

[163] L. White, The Theory of Monetary Institutions [M]. Oxford: Blackwell, 1999: 3 – 5.

[164] L. White. The Theory of Monetary Institutions [M]. Oxford: Black-

well, 1999: 25 – 79.

[165] L. Wray. Understanding Modem Money: The Key to Full Employment and Price Stability [M]. Cheltenham: Edward Elgar, 1990.

[166] M. Friedman, The Quantity Theory of Money: A Restatement [J]. University of Chicago, 1956, 4 (2): 281 – 308.

[167] N. Horesh. Shanghai's Bund and Beyond: British Banks, Banknote Issuance, and Monetary Policy in China, 1842 – 1937 [M]. Yale: Yale University Press, 2009.

[168] P. Lawler, Centralized Wage Setting. Inflation Contracts and the Optimal Choice of Central Banker [J]. Economic Journal, 2000 (110): 559 – 575.

[169] P. Skott. Stagflationary Consequences of Prudent Monetary Policy in a Unionized Economy [J]. Oxford Economic Papers, 1997 (49): 609 – 622.

[170] P. Subacchi. International Monetary Sysytem: Beyond the Dollar [J]. The World Today, 2010 (4): 24 – 25.

[171] R. Clower, A Reconsideration of the Microfoundation of Monetary Theory [J]. Economic Inquiry, 1967, 6 (1): 1 – 8.

[172] R. Clower. A Reconsideration of the Microfoundation of Monetary Theory [J]. Economic Inquiry, 1967, 6 (1): 1 – 8.

[173] R. Coase. The Nature of the Firm [J]. Social Science Electronic Publishing, 1937, 4 (16): 386 – 394.

[174] R. Glahn. Fountain of fortune: Money and monetary policy in China [M]. California: University of California Press, 1996.

[175] R. Merton, Z. Bodie. A framework for Analyzing the Financial System [J]. The Global Financial System: A Functional Perspective. Harvard: Harvard Business school Press, 1995: 4 – 42.

[176] S. Shaw. Financial Deepening in Economic Development [M]. Oxford: Oxford University Press, 1973 (2 – 8): 46 – 53.

[177] V. Guzzo, A. Velasco. Revisiting the Case for a Populist Central Banker [J]. European Economic Review, 2002 (46): 613 – 621.

[178] V. Guzzo, A. Velasco. The Case for a Populist Central Bank [J]. European Economic Review, 1999 (43): 1317 - 1344.

[179] W. Goldsmith. Financial Structure and Development [M]. Yale: Yale Univrsity Press, 1969: 39 - 49.

后　记

在收藏世界货币的过程中，我逐渐对这些花花绿绿的纸币背后的故事产生了浓厚的兴趣，想搞清楚这些纸币为什么具有价值，也想搞清楚这些纸币背后的制度含义。拜入孔祥毅先生门下之后，参与了先生关于我国货币制度和货币思想变迁的科研项目，在此基础上，最终敲定了中国纸币制度变迁研究这一课题。

这本书的出版是我用自己的方式纪念我最尊敬的导师，山西财经大学前党委书记、"中国金融学科终身成就奖获得者"、国务院特殊津贴专家孔祥毅教授。值此论文出版之时，孔祥毅先生已经与世长辞，翻看之前先生的点评，回忆先生的点点滴滴，内心的崇敬之情油然而生。尽管先生身体欠安，但是他始终坚守，悉心指点，用心评价，让我受益良多。先生学富五车，却低调谦和；先生贵体抱恙，却从不埋怨。先生从来都是温文尔雅、不嗔不怪、一视同仁、心平气和，让人高山仰止。先生一生，用自己的行动诠释了什么是好的老师，什么是好的学者，什么是好的领导，他不仅是我学术上的引路人，更是我人生的好榜样。

我还要由衷地感谢中央财经大学前副校长，我国顶级的金融思想史专家——姚遂教授。姚遂教授是我论文答辩的专家，也是孔祥毅先生多年的好友。姚老师博古通今，思想深邃，豁达乐观、器宇轩昂，让人肃然起敬。在孔祥毅先生驾鹤西去之后，我十分感激姚老师答应为我这样的小辈作序，这种不计门第出身、提携后进的精神，让我感铭心切。

我还要由衷地感谢默默爱我的丈夫、孩子和我们双方的父母亲朋。在我写作的过程中，我的爱人不断给我指导与帮助，帮我分担，鼓励我安慰我，给我信心。我们的父母源源不断地为我提供支持，创造条件，让我能够安心地完成书稿的写作。特别是我的母亲——常红岩女士，有了她对我和我儿子的关心和照顾，我才能有更多的精力和时间完成书稿的写作。可以说，这篇论文是我和家人共同努力的成果。当然，还要感谢我可爱的孩子，你的诞生，让我多了母亲的身份和责任，丰富了我生命的层次，加深了我对生命的理解，和你在一起的时间，是我内心最为宁静欢乐的时光。

此外，我还要诚挚地感谢山西财经大学、山西大学和南开大学的老师们对我学业上的帮助。感谢山西省研究生创新项目和山西省哲学社会科学规划课题的资助，感谢山西大学的领导和同事们的支持和体谅，感谢南开大学为我提供学习进修的机会！路漫漫其修远兮，我将继续努力，坚持战斗在教学科研的一线，以更多的成果回报那些爱我、支持我、帮助过我的人。

本书的纰漏和错误概由本人负责，敬请读者批评斧正！

孔繁晔

2017 年 11 月于山西大学